포필드 플러스

Four Fileds Plus

포필드 플러스

초판 1쇄 발행 2022년 9월 5일

지은이 설 훈
발행인 송정금 이요섭
편 집 이경완
디자인 이명애

펴낸곳 엎드림출판사
등 록 제2021-000013호
주 소 17557 경기도 안성시 공도읍 심교길 24-5
발행처 엎드림출판사
전 화 010-6220-4331

값 13,000원
ISBN 979-11-977654-5-2 03230

FOUR FILEDS PLUS

하나님의 마음에서 나온 비전은 하나님 나라를 건설하는 사역이다.

포필드 플러스

설 훈 지음

엎드림출판사
UP DREAM

추천사

아브람은 하나님의 시간을 기다리지 못했습니다. 출산하지 못하는 사래의 말을 듣고 애굽 여종인 하갈을 취합니다. 그로인해 인류의 분쟁이 시작되었습니다. 아브람이 하나님의 시간을 기다리지 못한 결과였습니다. 그래서 아브람을 질책하는 설교와 가르침이 많은 것도 사실입니다. 그러나 그런 아브람을 통해 배울 수 있는 한 가지 교훈이 있습니다.

열망입니다. 애굽의 여종, 하갈을 취한 것은 잘못이었지만,

"자녀를 얻을까 하노라."(perhaps I can build a family through her) (창 16:2)

그에게는 자녀에 대한 뜨거운 열망이 있었습니다.

오늘 우리가 사는 시대는 영적 자녀와 영적 가족을 세우려는 아브람의 열망이 증발되고 있고, 더욱이 이런 현상을 정상으로 받아들이는 모습을 보며 안타까움을 금할 수 없습니다.

이런 영적 위기의 현장에서 목마름을 해갈해 주는 마중물과 같은 시원함을 책으로 만나게 되니 얼마나 감사한지 모릅니다.

저자는 영적 자녀를 낳아 가족을 세우라고 말로만 외치지 않습니다. 실수하고 넘어지지만, 온 몸에 먼지를 뒤집어쓰고, 제자 재생산 사역의 현장에서 자신을 던지며 실천하는 자입니다.

그는 다수를 성공으로 여기는 시대의 조류를 거슬러, 소수에 집중하는 재생산에 열중하고 있습니다. 불필요한 것들을 걸러내고, 핵심적인 내용만을 수록하고 있는 이 책에서, 영적 자녀를 얻어 가족을 이루어가는 단순하면서도 파워풀한 재생산의 지도(Map)를 발견할 수 있었습니다.

책을 읽고 마음이 뜨거워진 독자로서 마중물과 같은 이 책을 여러분께 추천합니다.

박인화
달라스 뉴송교회 담임목사

서문

하나님께서 나에게 교회 개척의 사명을 주셨다고 믿는다. 20대부터 시작한 목회자의 길, 선교사의 길을 돌이켜 볼 때, 이제는 은퇴를 고려해야할 시점에서 나는 다시 새로운 교회 개척의 길을 걸어가고 있다. 그리고 어떻게 하면 하나님께서 기뻐하시는 교회를 세울 수 있을까를 고민하면서 배우게 된 네 단계 밭(Four Fields)의 전략은 나에게 생수와 같이 명쾌하고 단순한 교회 개척의 안내자 였다.

"네 단계의 밭"은 필자 자신이 고안해 낸 전략이 아니고, 이미 선교 현장과 목회 현장에서 널리 활용되고 있는 전략을 정리하고 보완한 것에 불과하다. 필자는 과거 신입 선교사들과 현장에서 교회 개척을 시도하는 선교사들에게 이 전략을 가르쳐 왔으며, 또한 한국에서 이 전략에 맞추어 교회 개척을 하고 있다. 그리고 앞으로도 이 전략을 활용하여 계속해서 교회 개척을 시도할 계획이다. 필자가 가르치고, 실제 적용하면서 배운 것들을 한국의 목회 현장에 맞추어 보완하였다. 물론 교회 개척을 꿈꾸고 시도하는 개척자들은 이 전략을 실행하면서 새롭게 보완 발전시켜 나갈 수 있을 것이다.

1장은 비전 세우기이다. 비전은 하나님의 마음에서 나와야 한다. 그 비전은 엔드 비전(End-Vision)이다. 동시에 비전은 개척자 자신의 은사와 열정과 스토리에 맞게 세워져야 함을 강조하였다.

2장은 네 단계의 밭이다. 하나님 나라에 대한 예수님의 비유를 기초로 교회 개척의 네 단계를 시각화하여 보여준다. 마치 농부가 비어있는 밭으로 가서, 거기서 한 알의 겨자씨가 그 밭에 뿌려지고, 그 밭에서 싹이 나오고, 그 싹이 이삭으로 자라고, 이삭은 마침내 열매를 맺는다. 여기서 점차적으로 발전해 가는 네 단계의 밭을 교회 개척의 네 단계로 설명한다.

3장은 예비하신 밭이다. 이 밭은 아직 씨가 뿌려지지 않은 비어있는 밭이다. 그러나 그 밭에는 하나님이 예비하신 밭이 있다. 그 밭을 평화의 사람이라고 한다. 그러므로 그 밭에서 해야하는 일은 하나님이 예비하신 평화의 사람을 찾는 일이다. 이 단계에서는 잃어버린 영혼들, 믿지 않는 사람들을 처음 어떻게 접촉하고, 어떻게 관계를 형성하고, 어떻게 친해질 수 있을지를 모색한다.

4장은 뿌려진 밭이다. 잃어버린 영혼들과 관계가 형성되었다면, 그들에게 복음의 씨를 심는 단계이다. 복음의 씨는 모든 사람, 모든 민족들에게 심겨져야 한다. 그러나 내 주변에 있는 나의 오이코스에게 복음을 전한다. 필자는 여기에서 오이코스 전도 방식을 소개한다.

5장은 자라는 밭이다. 복음을 받아들인 사람들을 제자로 훈련하는 밭이다. 여기서는 T4T 알려진 제자 훈련 방식을 채택한다. 다시 말해 제자 재생산, 훈련자 재생산이다. 적어도 4대까지 책임지는 제자 훈련이다. 제자란 다른 제자를 재생산하는 제자의 개념이 초점이다.

6장은 거두는 밭이다. 이삭이 자라면 열매가 되듯이, 제자로 자라면 이제 열매를 맺게 된다. 네 단계의 밭에서 열매는 제자가 아니라, 교회이다. 사과 나무의 열매가 사과이지만, 그러나 우리는 또 한 그루의 사과나무를 열매로 본다. 건물 중심, 프로그램 중심의 교회가 아니라, 믿는 자들 중심, 교회의 기능 중심으로 비록 교회의 규모가 작아도 교회의 특성을 드러내는 교회를 지향한다.

7장은 교회 무브먼트의 네 단계이다. 이 단계에서는 교회를 무브먼트가 일어나는 대상으로 본다. 형식화 혹은 제도화에 맞서서 교회의 본질, 교회의 특성이 살아날 때, 교회는 무브먼트처럼 급진적으로 자라고, 배가한다. 그러나 무브먼트로서 특성이 사라지면, 교회는 서서히 노화해서 죽음의 길로 나아간다.

8장은 리더 재생산이다. 리더 재생산은 네 단계 밭 중의 하나가 아니다. 리더 재생산은 네 단계 밭의 중심 축에 있다. 그러므로 네 단계의 밭 모두와 연관되며, 각각의 단계에서 리더 재생산이 일어나야 하는 것이다. 교회는 리더의 수준까지 자라며, 리더가 없으면 교회는 죽어간다. 리더는 내용을 전달하는 교사라기 보다는 삶으로 리더의 본을 보여주고, 멤버들과 더불어 서로 책임져 주는 자이다.

9장은 바울의 선교 전략이다. 교회 개척의 사례는 사도행전에 나타난 사도 바울의 선교 사역에 나타나 있다. 사도행전에 나타나는 교회 개척의 원리들을 고찰하고, 현 시점에서 어떻게 적용할 수 있을지를 모색한다.

10장은 영적 전쟁이다. 교회 개척은 의미 있는 사역이지만 결코 만만치 않은 종합적이고도 깊이 있는 사역이다. 교회 개척의 열매를 맺기 위해서는 한 알의 밀알이 땅에 떨어져 죽어야 열매를 맺기 시작하는 것처럼, 개척자는 고난과 핍박, 박해와 시련을 반드시 이겨내야 열매를 맺게 된다. 이미 고난을 받을 때 지불해야할 것들이 무엇인지 알고 전진해야 한다.

부록에서는 실제 전도의 도구들(개인간증, 삼원전도, C2C)과 교회 개척의 마스터 플랜, 그리고 제자 훈련의 한 예를 소개하였다.

역사적으로 볼 때, 오늘날의 교회 현실은 크리스텐덤 문화로 인해 기독교의 가치가 무시당하고, 4차 산업 이후 끊임 없이 변화하는 삶의 패턴들, 코비드까지 가세된 정말 넘어야 할 산이 너무 거대해서 어떻게 해야할지 모를 당황스런 모습이다. 그 속에서 눈에 보이지도 않을 정도로 작고 미약하기만 한 우리의 교회라 할지라도, 언젠가 우리가 심은 씨가 자랄 것이고, 그 씨는 자라서 모든 식물보다 더 큰 나무가 되어, 공중의 새들이 와서 깃들이고, 그 새들은 다시 겨자씨 하나를 입에 물고, 자기 삶의 현장으로, 선교 현장으로 찾아가서, 그들에게 씨를 심어, 또 다른 나무를 세워나가는 모습을 꿈꾼다. 그 비전을 바라보며, 오늘도 나는 또 한 그루의 겨자씨 나무를 심는다.

차례

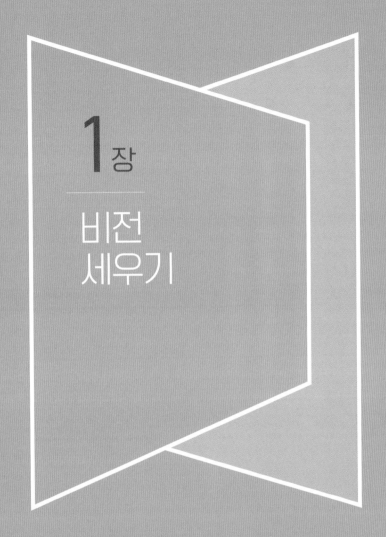

1장

비전
세우기

비전이라는 말이 이제는 식상하게 들릴 수도 있다. 그래서 비전을 말하지 않으려는 것은 무모한 일이다. 비전이 있느냐 없느냐가 문제가 아니라, 어떤 비전을 가지느냐 가 중요하다. 그렇다면 예수님의 비전은 무엇이었을까? 예수님께서 일을 시작하셨을 때 그분은 이미 사역의 끝(end-vision)을 보셨다. 끝을 보고 시작한 것이다. 갈릴리와 유대에서 하나님 나라의 일을 시작하셨을 때 예수님은 이미 모든 민족에게 복음이 전파될 것과 복음이 땅끝까지 이르게 될 것을 보셨다. 그것이 예수님의 비전이다.

예수님은 요단 강에서 침례(세례)를 받으시고 갈릴리와 유대를 다니시면서 복음을 전하시고 제자를 양육하셨다. "우리가 다른 가까운 마을로 가자 거기서도 전도하리니 내가 이를 위하여 왔노라"(막 1:38)고 하시면서 예수님은 온 갈릴리에 다니시며 전도하셨으며(막 1:39) 그 뿐 아니라 갈릴리와 유대 그리고 요단에 이르기까지 모든 도시와 마을에 두루 다니시면서 천국 복음을 전파하셨다(마 9:35). 예수님에게는 전도하지 않아도 될 마을은 없었고 구원받지 않아도 될 도시도 없었다. 99마리의 양이 있지만 잃어버린 양이 한 마리라도 있다면 그 양을 찾으러 가야하는 분이 예수님이시다(눅 15:4).

예수님께서 12제자들과 72제자들을 전도하러 보내실 때 이스라엘의 잃어버린 자들에게 전하라고 하셨다. 그 말은 예수님에게 이스라엘만 중요한 민족이라는 것이 아니다. 이스라엘을 통해 모든 나라와 민족들에게 복음이 전해 지도록 하셨다. 예수님은 예루살렘 성전을 만민이 기도하는 집이라고 하셨고(막 11:17) 모든 민족에게 복음이 전파될 때 그제야 끝이 온다고 하셨으며(마 24:14) 예수님의 지상 대 사명은 모든 민족을 제자 삼는 것이었고(마 28:19) 온 천하에 다니며 만민에게 복음을 전하는 것이었다(막 16:15). 또한 죄사함을 받게 하는 회개가 예루살렘에서 시작하여 모든 족속에게 전파될 것이라고 하셨다(눅 24:47). 예수님의 사역은 모든 민족과 모든 열방에 하나님 나라가 임하게 되는 것이었다.

예수님께서 제자들에게 가르쳐 주신 기도를 보자. 아버지의 이름이 모든 사람에 의해 높임을 받으시고 아버지의 나라가 이 땅에 이루어 지고 아버지의 뜻이 땅에서 이루어 지는 것이었다(마 6:9-10). 예수님은 이미 사역의 끝인 엔드 비전(end-vision)을 보시면서 일을 시작하셨다.[1] 예수님께서 보셨던 사역의 끝, 즉 엔드 비전을 갖는 것이 사역의 첫 단추라고 볼 수 있다. 아무리 급해도 첫 단추를 잘 못 끼우면 언젠가 그 일을 처음부터 다시 시작해야 한다.

---

1 Steve Addison, 「What Jesus Started, Joining the Movement, Changing the World」, InterVarsity Press, 2012. p 28.

하나님 나라를 건설하는 일은 사람의 일이 아니라 하나님의 일이다. 그러므로 하나님 나라를 위한 비전도 하나님으로부터 나와야 한다. 비전을 세우기 위해 다른 교회들이 세운 비전을 카피할 필요도 없고 세상에서 성공한 CEO들의 비전을 흉내 낼 필요도 없다. 이 세상에는 교회들이 수없이 많지만 똑 같은 교회는 없다. 사명을 위해 우리를 부르신 분은 한 분이신 하나님이지만 그 사명을 이루기 위해 부름 받은 우리는 다 다르고 우리가 섬겨야 할 사역의 대상도 다 다르다. 제프 크리스토퍼슨(Jeff Christopherson)은 사역을 위한 비전을 세울 때 세가지 질문들을 고려해야 한다고 말한다. [2]

1. 보내시는 하나님(Sending God)

첫째 질문은 "나는 누구에 속한 자인가?"(Whose am I?) 이다.

선교(Mission) 라는 영어 단어는 의도한 목적, 목표라는 의미를 가지고 있다. 크리스토퍼 라이트(Christopher Wright)는 선교를 "하나님께서 영원부터 영원까지 목적하고 계셨고, 성취하고 계시는 것" 이라고 정의를 내린다. 또한 선교학자인 레슬리 뉴비긴은 선교는 "세상에 보냄 받은 교회가 해야 할 모든 과업"에 해당되는 포괄적인 용어라고 말했다. 선교는 성도나 교회가 타문화권에 나가서 복음을 전하고 제자 삼아 교회

---

2 eff Christopherson, 「Kingdom First」, B&H Publishing, 2015, p. 1802(Kindle page).

를 세우는 일 그 이상의 의미를 가지고 있다. 이 세상을 구속하시고 완성하셔서 하나님 나라를 이루는 하나님의 역사가 선교이다. 이를 위해 성 삼위 하나님께서 지금도 일하신다. 선교는 하나님께서 하신다. 성부 하나님께서 예수님을 보내시고 예수님은 교회와 믿는 자들을 세상으로 보내신다.[3]

보냄 받은 자로서 우리가 하나님의 일에 동참하기 위해서 보내시는 분인 하나님의 마음을 알아야 한다. 우리는 하나님께 속한 자이다. 그러므로 비전은 우리의 야망, 우리의 꿈, 우리의 소원에서 나오는 것이 아니고 하나님의 마음에서 나오는 것이다. 우리가 하나님의 마음을 알 때 그 하나님의 마음에서 비전이 흘러 나온다. 그러므로 우리는 먼저 하나님의 마음을 알아야 한다. 하나님의 마음은 무엇일까? 이 세상을 향한 하나님의 마음, 열방을 향한 하나님의 마음, 이 나라를 위한 하나님의 마음, 이 도시를 향한 하나님의 마음은 무엇일까?

누가복음 15장에는 잃어버린 양을 향한 목자의 마음, 잃어버린 동전을 향한 여인의 마음, 잃어버린 아들을 향한 아버지의 마음이 나온다. 100마리의 양 중에서 하나를 잃었지만 그 하나마저 절대 포기할 수 없는 것이 목자의 마음이고 하나님의 마음이다. 이는 마치 열명의 자식 중 그 중 하나를 잃었을 때 갖는 엄마의 마음과 같다. 99마리의 양을 들에 두고 그 잃어버린 한 마리를 찾을 때까지 반드시 찾고야 마는 것이 목자의 마음이다. 하나님은 모든 사람이 구원을 받으며 진리를 아는

---

3 Ed Stetzer, 「선교적 교회 개척」, 설훈 옮김, 요단출판사, 2021, p. ?.

데 이르기를 원하신다(딤전 2:4). 하나님은 우리를 대하여 오래 참으사 아무도 멸망하지 아니하고 다 회개하기를 원하신다(벧후 3:9). 물이 바다를 덮음 같이 여호와의 영광을 인정하는 것이 세상에 가득하게 되는 것이 하나님의 마음이다(합 2:14).

성경 전체를 읽다 보면 "모든"이라는 단어가 자주 나오는 것을 볼 수 있다. 아브라함에게 주신 약속은 땅의 모든 족속이 너로 말미암아 복을 얻으리라고 했고(창 12:3) 천하 만민은 그로 말미암아 복을 받게 될 것이라고 했으며(창 22:18) 모든 나라들이 여호와를 찬양하며 모든 백성들이 그를 찬송할 것을 말한다(시 117:1). 예수님은 너희는 가서 모든 민족으로 제자를 삼으라고 하셨고(마 28:19) 물이 바다를 덮음 같이 여호와의 영광을 인정하는 것이 세상에 가득할 것이라고 했다(합 2:14). 물론 이 세상에 있는 모든 사람들이 예수님을 통해 구원에 이르지는 못할 것이다. 그러나 모든 사람들이 태어나서 죽기 전에 단 한번이라도 복음의 소식을 들을 수 있는 기회를 주는 것이 믿는 자들이 해야 할 일이다.

내몽골 땅에서 사역할 때였다. 전도하기 위해 초원에 들어갔을 때 허허 벌판에는 집이 두 세 채 밖에 없었다. 손님 접대를 위해 양고기를 대접 받았는데 주인은 기름이 맛있다며 나에게 자꾸 권하는 것을 뿌리치지 못하고 주는 대로 받아 먹었다. 밤에 모래 폭풍이 서너 시간 동안 불어 닥친 후 새벽 세시쯤 되어 배가 아파서 밖으로 나왔다. 모래 폭풍이 지나간 뒤의 초원은 적막하기 그지 없었다. 그때 나와 아내를 완전히 압도하는 광경을 보게 되었다. 너무나 많은 밝다 못해 눈부신 별들이 온 하늘을 뒤덮고 있었다. 한치의 공백도 없이 수십 겹으로 하늘을

다 채우고 있었다. 탄성 밖에 아무 말도 할 수 없었다. 바로 그때 머리를 스치며 지나가는 생각이 있었다. 창세기에서 하나님이 아브라함에게 보여 주셨던 별이었다. 그 수많은 별들 셀 수 없이 많았던 그 별들을 보여주시며 네 자손이 이와 같으리라고 하셨던 하나님의 말씀이 떠 올랐다. 모든 영혼을 향한 하나님의 마음을 하늘 가득한 별들을 통해 아브라함에게 보여 주셨던 것이다. 그날 보았던 그 수많은 별들은 나의 마음 속에서 하나님의 마음으로 여전히 빛나고 있다.

2. 보냄 받은 자(Sent One)

두번째 질문은 "나는 누구인가?"(Who am I?) 이다.

모든 영혼들을 향한 하나님의 마음을 알았다면 이제는 내가 누구인가를 알아야 한다. 예수님은 자신을 일컬어 하나님으로부터 보냄을 받은 자라고 말씀하셨다. "아버지께서 나를 보내신 것 같이 나도 너희를 보내노라"(요 20:21). 아버지로부터 이 세상에 보냄을 받으신 예수님은 믿는 자들을 다시 세상으로 보내신다. 예수님을 믿는 자들은 예수님과 같이 이 세상에 보냄 받은 자로 살아가야 한다. 보냄 받은 자와 반대되는 개념은 세상에서 이끌어오는 자이다. 사람들을 세상으로부터 교회로 이끌어 오는 대신 세상 속으로 보냄을 받아 그곳에서 교회가 되는 모델이다. "오라" 보다 "가라"의 모습을 가진 자들이다.

세상 속으로 들어가서 그들과 관계를 맺고 제자를 삼아 교회로 자라게 하는 일을 할 때 사용할 수 있는 도구와 장비들이 필요하다. 내가 잘할 수 있고 잘하고 있고 좋아하고 열매를 맺게 하는 도구와 장비들이 무엇인가?

예수님으로부터 보냄 받은 "나"는 이 세상에 있는 어느 누구와도 비교할 수 없을 정도로 유일하고 독특한 존재이다. 시편 기자가 신묘막측하게(wonderfully and fearfully) 자신을 지으신 하나님을 찬양한 것처럼(시 139:14) 사람들에게는 하나님께서 주신 은사가 다르고 하나님께서 주신 열정도 다르고 자신의 성격도 다르다.

나의 은사가 무엇이고, 나의 열정은 어디에 있고, 나의 성격은 어떤 유형인가를 파악하기 위해서 은사 발견 검사, 성격 유형 검사(DISC, MBTI, 버크만 테스트) 등을 참조할 수 있으며 새들백 교회의 릭 워렌 목사가 제시한 SHAPE를 통해서도 자신의 정체성을 파악하는 데 도움을 받을 수 있다.[4] 그런데 최근 롭 웨그너(Rob Wegner)와 브라이언 핍스(Brian Phipps)는 자신을 발견할 수 있는 자원들을 GPS 라고 명명하며 이를 세가지로 정리하였다. 은사(Gifts), 열정(Passions), 이야기(Story).[5] 내가 잘하고 잘할 수 있는 나의 영적 은사, 내 심장을 뛰게 하는 일, 인생 수업을 통해 배웠던 것, 이것들이 한군데로 집중된다면 보다 유니크한 교회로서 주 안에서 나답게 목회하는 목회 비결을 엿볼 수 있을 것이다.

---

4 릭 워렌, 「목적이 이끄는 양육」, 김성수 옮김, 국제제자훈련원, 2010, p 20. SHAPE는 영적 은사(Spiritual Gifts), 열정(Heart), 능력(Ability), 성격(Personality), 경험(Experiences) 들을 말한다.
5 Rob Wegber and Brian Phipps, 「Find Your Place」, Zondervan, 2019, p. 24.

[1] 은사

교회를 개척하던 시절, 나에게 꿈에도 소원이 있었다면 교회가 성장하는 것이었다. 교회가 성장할 수만 있다면 뭐라도 하고 싶었다. 큰 교회의 목사들을 벤치마케팅하면서 성장의 비결을 배워서 따라하고 흉내 냈던 적이 있었다. 작은 교회의 목회자들이 갖는 교회 성장에 대한 간절함은 정말 눈물 겹다. 그러나 정작 중요한 것은 남을 흉내 내는 것이 아니고 나 답게 목회하는 것이었음을 이후에야 깨닫게 되었다. 나답게 목회하기 위해 제일 먼저 필요한 것이 바로 하나님께서 내게 주신 은사 대로 목회하는 것이다. 목회 현장은 창업 현장만큼이나 치열하고 삭막하다. 목회는 또한 100미터 경주가 아니고 장거리 마라톤이다. 전쟁과도 같이 치열한 목회현장에서 인내하며 싸우는 과정에서 남의 것을 가지고 흉내 내는 것으로는 절대로 끝까지 완주할 수 없다. 하나님께서 내게 주신 은사를 가지고 일할 때 완주할 수 있다.

믿는 자들에게는 성령께서 주시는 영적인 은사가 있다. 고린도전서 12장에는 여러가지 영적 은사들이 나열되어 있고(지혜, 지식, 믿음, 병 고침, 능력 행함, 예언 등) 로마서 12장에도 예언, 섬김, 가르침, 위로, 구제, 다스림, 긍휼 등의 은사들이 소개되어 있다. 에베소서 4장에서는 역할에 대한 은사도 말하고 있다. 사도, 선지자, 복음 전하는 자, 목사, 교사. 영적 은사를 주신 목적은 자신을 위한 것이 아니고 교회의 유익을 위한 것이다. 성령께서 성도들에게 은사를 주시는 목적은 "공동이익을 위한 것"(고전 12:7, 새번역)이고, "교회의 덕을 세우기 위한 것이라고 했다(고전 14:4, 12). 다른 사람들을 섬기기 위해서 반드시 활용해야 할 것이 영적 은사이다.

믿는 자들은 영적인 은사와 더불어 하나님께서 각 사람에게 주신 재능을 가지고 있다. 이 재능은 사람들이 태어날 때 모든 사람들에게 주어지는 것이다. 이 재능 역시 믿는 자들이 세상과 사회를 섬길 수 있는 분야를 찾을 때 고려되어야 할 중요한 요소이다. 영적인 은사와 자신의 자연적 재능은 절대로 과소 평가될 수 없다. 내게 주어진 은사와 재능이 무엇인가를 정확히 파악하고 개발하고 확장해야 한다. 그 은사와 재능을 통해 결국 하나님께서 일하신다. 여기서 주목해야 할 것은 당신 주위에 있는 사람들 중에 내가 갖지 않은 은사를 가진 사람들을 찾아내서 함께 동역해야 한다는 것이다. 교회는 목회자 혼자서 일하는 곳이 아니다. 은사를 가진 사람들이 그 은사를 발휘할 수 있도록 함께 일할 때 교회의 동력이 일어나기 시작한다.

(2) 열정

병원에서 심전도 검사를 해 보면 검사 결과가 그래프처럼 그려져 나오는 것을 볼 수 있다. 그래프를 통해서 나의 심장이 어느 부분에서 올라가고, 낮아지고, 빨라지고, 느려지는 지를 알 수 있다. 그와 마찬가지로 나의 열정(passion)이 어디에 있는지, 내가 무슨 일을 할 때 나의 가슴이 뛰는지, 어떤 일을 할 때 시간도 돈도 아깝지 않고 일하고 싶은 것은 무엇인지 오히려 나의 모든 것을 다 쏟아 하고 싶은 일이 무엇인지를 파악해야 한다.

블레셋이 하나님을 모욕하고 이스라엘을 모욕하는 소리를 들었을 때 피가 거꾸로 솟는 것 같은 뜨거운 마음이 솟아올라 골리앗을 향해

분연히 일어서는 다윗의 열정을 생각해 보자. 내 마음을 움직이게 하는 것이 무엇인지를 아는 것은 하나님의 비전을 세우는 일에 있어서 너무나 중요한 요인이다. 내가 정말로 원하는 것은 무엇인가? 내가 정작 하고 싶은 것이 무엇인가를 알아야 한다. 예를 들면 돌봄을 받지 못하는 어린이, 갈 곳 없는 미혼모, 낯선 땅에서 일하는 외국인 노동자, 방황하는 청년들, 의지할 곳 없는 노인들, 여건이 안되 공부하지 못하는 학생들, 갈등을 겪는 부부 등 당신의 발걸음을 멈추게 하고 그들을 돕겠다는 마음이 들게 하는 것들을 찾아보자.

지금 당장 능력이 없고, 실력이 없고, 가진 것이 없어도, 어찌하든 먹여야 겠다는 마음, 어찌하든 도와야 겠다는 마음이 있다면 그것이 무엇인가를 조용히 찾아보자. 필자는 미국에서 이민 목회를 하면서 하나님께 기도한 적이 있었다. 언젠가 하나님께서 기회를 주신다면 서울에서 청년들을 대상으로 사역해 보리라는 마음이었다. 그러나 하나님께서 선교사로 부르셔서 중국으로 가게 되었을 때 이 마음도 내려 놓았다. 그런데 놀랍게도 하나님께서는 나에게 서울에 와서 일할 수 있는 기회를 주셨고 5년이 지난 지금 서울의 청년들을 대상으로 외국인들을 대상으로 교회를 개척하는 일을 맡겨 주셨다. 내 모든 것을 다 내어 주고라도 해보고 싶은 일이었다. 물론 지금도 힘들어 발버둥치고 있지만 그들만 보면 내 속에서는 새로운 피가 다시 솟구치는 듯한 열정이 일어난다.

(3) 스토리

하나님은 지나 온 나의 인생과 무관하게 일하시지 않으신다. 내 마음도 바빠 미처 정리하지 못한 일들 마저 하나님은 그것들을 다 사용하신다. 그것이 나의 삶의 스토리들이다.

나를 찾을 때 또 하나 중요한 요인은 나의 삶의 스토리들을 활용하는 것이다. 단순히 과거의 사건을 나열하는 것이 아니고 그 사건들이 나에게 어떤 의미를 가져다 주었고 나의 삶에 어떤 영향을 주었는지를 반추하고 해석하는 것이다. 그리고 그 의미를 미래의 삶을 위해 적용하는 것이다.[6]

자신의 삶에 하이라이트가 되는 것들을 골라보고 그 의미를 되새겨 보자. 나의 삶의 스토리들을 돌이켜 보면 청년들과 함께 한 교회 개척의 스토리들이 의미가 있었다. 대전에서 청소년들 대학생들과 함께 전도하며 제자들을 양육했던 일, 대학교 3학년 때 대학부 회장을 맡으면서 만들었던 대학부의 표어는 "전 회원의 목자화"였다. 캘리포니아의 팔로알토에서 유학생들을 대상으로 교회를 개척했을 때 교회의 표어는 "목자 양성소"였다. 내몽골에서 청년들을 제자 훈련하며 그들을 교회 지도자로 세우며 한국에서 청년들을 훈련하여 선교지에서 전도와 제자 훈련 사역을 하면서 정리한 이 책의 이름은 "제자 재생산 교회 재생산"이다.

지금은 신촌에서 청년들과 더불어 작은 교회를 개척하게 되었고 한국 청년들 뿐 아니라 외국에서 서울에 온 유학생들, 근로자들, 다문화 가정들을 위한 제자 훈련은 나의 인생 마디마디 담겨 있는 나의 스토리

---

6 Rob Wegber and Brian Phipps, 「Find Your Place」, Zondervan, 2019, p. 134.

였다. 그 기억들은 나의 삶의 중요한 지점마다 중요한 의미로 자리매김한 아름다운 이야기들이다. 그 이야기들은 이제 또다른 10년을 위한 나의 사역에 중요한 디딤돌이 되고 있다.

3. 보냄 받은 삶(Living Sent)

세번째 질문은 "나는 어디에 있나?" 이다.

한국인들의 평균 이사 횟수는 7.7년이다.[7] 한국인의 평균 수명을 83세라고 볼 때 일생 약 11번 이사한다고 볼 수 있다. 이렇게 자주 이사를 하게 되는 여러가지 이유가 있겠지만 그러나 현재 내가 거주하고 있는 이 장소 이 지역이 하나님께서 나를 보내신 곳이라는 부르심의 장소로 봐야 한다는 것이다.

믿는 자들이 세상으로 보냄 받은 자라면 보냄 받은 곳에서 보냄 받은 자로 살아야 할 것은 너무나 당연한 일이다.[8]

창세 때 부터 하나님은 자기 백성들을 세상으로 보내셨다. 하나님은 아브라함을 가나안으로 보내셨고 요나를 니느웨로 보내셨고 열두 제자들을 유대 땅으로 보내셨고 빌립을 사마리아 땅으로 보내셨다. 마침내 하나님은 예수님을 이 세상에 보내셨다. 그리고 하나님이 예수님을 보내셨듯이 예수님은 또 우리를 보내신다. 장막 깁는 자로서 사도 바

---

7 KBS News, 2017. 4. 15, https://news.kbs.co.kr/news/view.do?ncd=3470159
8 Shauna Pilgreen, 「Love Where You Live」, Baker Publishing, 2019, p. 17.

울은 사도행전에서 아덴의 지역 리더들에게 보냄받은 자로서 보냄 받은 삶을 어떻게 살아야 할 지를 말한다.

우주와 그 가운데 있는 만물을 지으신 하나님께서는 천지의 주재시니 손으로 지은 전에 계시지 아니하시고 또 무엇이 부족한 것처럼 사람의 손으로 섬김을 받으시는 것이 아니니 이는 만민에게 생명과 호흡과 만물을 친히 주시는 이심이라 인류의 모든 족속을 한 혈통으로 만드사 온 땅에 살게 하시고 그들의 연대를 정하시며 거주의 경계를 한정하셨으니 이는 사람으로 혹 하나님을 더듬어 찾아 발견하게 하려 하심이로되 그는 우리 각 사람에게서 멀리 계시지 아니하도다(행 17:24-27).

만물을 지으신 창조주 하나님, 우리의 주인이신 하나님은 우리에게 생명을 주시고 우리와 더불어 호흡하시는 분이시다. 나아가 우리로 하여금 온 땅에 흩어져 살게 하시고 우리 인생의 시간을 정하실 뿐 아니라 살아야 지역도 정해 주셨다. 그곳에 살아야 할 이유와 보냄 받은 자로서의 부르심에 따라 보냄 받은 자로서의 목적을 인식하며 살아야 함을 말한다.

이사하는 것에 대해 쉽게 생각하고 큰 의미를 두지 않을 수 있지만, 우리는 보냄 받은 자로서 보냄 받은 삶을 잊어서는 안된다. 그럴 때 우리의 삶 속에서 긴밀하게 역사하시는 하나님을 간섭하심을 경험하게 된다. 우리의 삶이 그 지역 공동체를 향한 하나님의 목적을 이루는 삶이 된다. 우리를 그곳으로 보내신 분이 바로 하나님이시기 때문이다.[9]

---

9 Ibid.

그러므로 당신이 살고 있는 지역의 커뮤니티와 함께 일해야 한다. 당신 주변의 여러 계층의 사람들과 접촉하며 관계를 넓혀가야 한다. 그 커뮤니티의 사람들이 예수님께 돌아올 수 있도록 선한 영향력을 끼치며 살아야 한다.

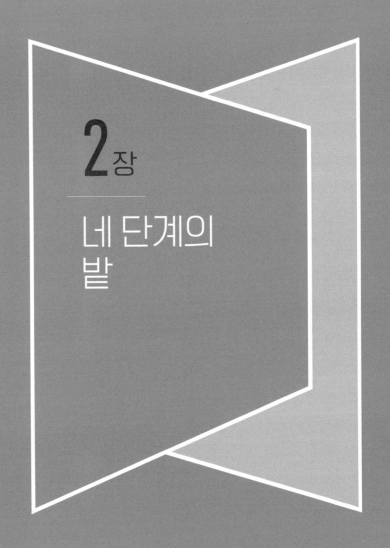

2장

네 단계의
밭

Four Fields

필자는 지역 교회에서 고등부 대학부를 섬기기도 했고 교육목사, 교회 개척, 담임 목회의 경험도 있었기에 교회 사역에 대한 큰 그림을 그릴 수 있는 안목을 가졌다고 생각했었다. 그러나 국제 선교부에서 가르쳐 준 교회 개척 전략을 배웠을 때 아 바로 이것이었구나 하는 마음이 들었고 교회 개척 사역에 대한 자신감을 갖게 되었다. 그것이 바로 네 단계 밭의 전략이었다. 이 전략은 교회 개척 사역에 대한 간단하면서도 핵심적인 전략이어서 모든 사역자들에게 자신 있게 소개한다.

1990년을 전후하여 미국 남침례교단의 국제선교부(International Mission Board, 이하 IMB라 표기) 본부에서는 인도, 중국, 아프리카, 라틴 아메리카, 유럽 등 세계의 여러 지역에서 전도와 교회 개척 부문에서 평소와는 다른 엄청난 부흥이 일어나고 있음을 발견하였다. IMB는 이를 "교회 개척 운동"(Church Planting Movement, 이하 CPM이라 표기)이라 명명하였고 1998년에 IMB의 해외 리더십 팀은 CPM 사역을 IMB의 비전 선언문에 명시하였으며 전 세계에 흩어져 있는 IMB 선교사들에게 CPM 사역을 시작하고 강화할 것을 권고하였다. 당시 CPM 사역을 정리하고 주도했던 데

이빗 게리슨(David Garrison)은 CPM을 이렇게 정의하였다. "한 종족 그룹이나 혹은 행정 구역 안에서 교회 개척을 통해서 토착 교회가 급속하게 기하급수적으로 증식하는 현상."[1]

2001년에 잉카이와 스티브 스미스를 중심으로 동아시아에서 폭발적으로 일어난 CPM의 실제 사례는 "T4T(Training for Trainers)" 운동으로 이미 잘 알려졌고[2], 남아시아의 Nathan Shank는 CPM의 전반적 플랜을 간략하게 도식화하여 알기 쉽게 정리하였다. 그는 CPM의 큰 그림을 "네 단계의 밭"(Four Fields)으로 도식화하여 선교사들과 현지인들이 CPM 원리들을 배우고 적용하기 쉽게 정리하였는데 최신 버전은 2014년에 완성되었다.[3] 이처럼 IMB가 1990년 처음 CPM을 공식적 전략으로 채택한 이래 CPM은 IMB의 주요 사역 전략이 되어왔다. CPM의 연장선상에서 IMB가 개척하고자 하는 교회는 건강하고(Healthy), 지속 가능한(Sustainable), 재생산 하는(Reproducible) 교회이다.

최근에 와서 IMB는 CPM이란 용어 대신에 "건강한 교회", "재생산하는 교회" 혹은 "지속 가능한 교회" 등의 용어들을 사용하는 경향이 있다. 그러나 그 안에는 CPM의 정신과 DNA, 그리고 핵심적인 원리들이 깃들어 있다. 제자를 낳는 제자, 교회를 낳는 교회가 되어 복음을 듣지 못하고 죽어가는 종족이나 사람들이 없게 하며 건물 중심의 성과 속이 분리된 이원론적인 교회가 아니고 지역 사회와 삶의 현장, 생활 현장

---

1 David Garrison, 「Church Planting Movements」(Bangalore: Wigtake, 2004), p. 172.
2 Steve Smith with Ying Kai, T4T: A Discipleship Re-Revolution(Bangalore: Wigtake, 2011), 15
3 Nathan and Kari Shank, Four Fields of Kingdom Growth(PDF file, 2014), p. 3.

속에서 통합된 복음이 선포되고, 믿는 자들은 같이 모여서 훈련을 받고 마침내 이들은 같이 예배하는 공동체인 주님의 몸 되신 교회, 그리스도의 신부로서의 교회를 지향한다.[4]

이 "네 단계의 밭" 도식은 IMB 뿐 아니라 북미에서 펼쳐 치고 있는 교회 배가 운동(Church Multiplication Movement), 제자 배가 운동(Disciple-Making Movement) 등에 직간접으로 영향을 주었으며 물이 바다를 덮음 같이 여호와의 영광이 온 세상에 가득하게 되는 그 비전이 이루기 위해서 제자 훈련, 교회 개척을 하나의 운동(Movement) 으로 일으키는 일에 깊은 공헌했다고 필자는 평가한다. 필자는 이 "네 단계의 밭"(Four Fields) 도식을 기본으로 하되 필자의 견해를 첨가하여 선교적 교회의 확장 과정을 설명하고자 한다.

1. 지상 대 사명

1장에서는 비전 세우기에 대해 설명했는데 세워진 비전이 구체적인 목표와 방향으로 연결되어야 한다. 사역의 끝이 되는 엔드 비전을 품었다면 엔드 비전을 이루는 구체적인 목표들이 첫 단계부터 시작되어야 할 것이다. 부활하신 예수님은 열 한 제자들에게 지상 대 사명의 말씀을 주셨다. 그것은 모든 민족을 제자 삼고(마 28:19), 땅끝까지(행 1:8) 전하라는

---

4 설훈, "교회개척운동(CPM)에 대한 IMB의 평가와 전망" KQM(봄), 2020,

말씀이었다(마 28:19). 대 사명의 말씀에는 두가지 목표가 명시되어 있는데 하나는 양적인(quantity) 목표이며 다른 하나는 질적인(quality) 목표이다.

[1] 양적 목표

양적 목표의 대상은 보냄 받은 지역의 모든 영혼들이다. 하나님은 모든 영혼들이 다 회개하고 모든 사람들이 다 구원받게 되는 것을 원하신다(딤전 2:4, 벧후 3:9). 그러나 지구 상의 모든 사람들이 다 구원받지는 못할 것이다. 우리가 할 수 있는 일은 이 세상에 태어난 사람들이 죽기 전까지 복음을 듣고 반응할 수 있는 기회를 주는 것이다. 양적 목표를 이루는 데 있어서 장애는 폭발적인 인구 증가율이다. 현재의 인구 증가율은 복음 전파율을 훨씬 뛰어넘고 있다. 이 일을 위해 모든 믿는 자들이 이 사명을 감당해야 한다.

그러나 그 방대한 일을 우리 혼자서 다 이룰 수 없다. 모든 민족을 제자 삼는 것이 우리의 비전이지만 그 일을 위해서 지금 우리가 할 수 있는 일은 하나님께서 우리에게 허락하신 지역에서 복음이 필요한 사람들, 복음의 문이 열려진 사람들을 대상으로 이 일을 시작하는 것이다. 이를 대상으로 섬겨야 할 사람들의 계층들을(segments) 초점 그룹(Focus Groups)이라 칭한다.[5] 그 초점 그룹들을 섬기고, 사랑하고, 복음을 전하면서 사역을 시작한다.

우리에게 주신 은사를 통하여, 우리에게 주신 열정을 살려, 우리가

---

5 Ed Stetzer and Daniel Im, 「선교적 교회 개척」, 설훈 옮김, 요단 출판사, 2021, pp. 261-280.

경험한 삶의 이야기를 토대로 하나님께서 우리를 보내신 지역에서 보냄 받은 자로서 말씀을 살아내며 복음을 전한다. 예수님께서 12 제자들에게 이방인의 길로도 가지 말고 사마리아 인의 고을에도 들어가지 말고 오히려 이스라엘 집의 잃어버린 양에게 집중하라고 하신 후에(마 10:6) 그들을 통해 이방과 온 열방에게 복음을 전하라고 하신 것처럼 일단 초점 그룹들에게 사역을 집중하지만 궁극적으로는 열방을 향해 나아가야 한다(마 28:19, 막 16:15, 눅 24:47).

(2) 질적 목표

질적 목표는 제자를 삼는 것이다. 단지 전도하여 회심자가 되는 것을 목표로 하지 않고, 그들이 예수님의 제자가 되도록 양육하고, 그들이 또 다른 제자들을 양육하여 사도 바울이 디모데후서 2장 2절에서 말한 4 세대 제자 양육을 실천한다. 바울이 디모데를 디모데가 충성된 사람을 충성된 사람이 또 다른 사람들을 제자 양육한다. 제자가 제자를 낳는 제자 재생산이 질적인 목표이다. 제자 재생산은 믿는 자들 중 신실한 자들을 중심으로 한 소수 정예 부대를 만들어 그들을 집중 훈련하여 제자 재생산을 행하는 것이 아니다. 예수님을 믿게 된 자들 모두를 대상으로 하여 하나님의 마음을 전하고 제자 재생산의 비전을 나누고 주님의 제자로 태어날 때부터 또 다른 제자를 잉태하여 3대, 4대, 5대, 그 이상으로 제자 재생산을 실천하게 한다.[6] 그러나 의외로 질적 목

---

6 Steve Smith and Ying Kai, 「T4T: 교회를 세우는 지도자 재혁명」, 이명희 옮김, 요단출판사, 2012, p.115.

표의 장애는 전통적 교회로부터 나타나곤 한다. 모든 믿는 자들이 믿을 때부터 제자 재생산의 비전을 가지고 나가는 것에 회의적인 시각을 가지고 있다. 그러나 우리는 성경이 말하는 제자 재생산의 사명을 감당해야 한다.

2. 제자가 되고 제자를 삼는다

초점그룹들을 정하여 사역을 시작하고 4세대까지 재생산 제자 훈련을 한다 해도 그 일에 열매 맺게 하시는 분은 하나님이시다. 사도 바울이 나는 심었고 아볼로는 물을 주었지만 자라나게 하시는 분은 하나님이라고 고백한 것과 같다(고전 3:6). 예수님은 열매를 맺기 위해서 먼저 주 안에 거해야 한다고 하셨다(요 15:4-5). 왜냐하면 농부의 일을 하나님이 하시고 예수님은 포도나무이며 우리는 포도나무에 붙어 있는 가지이기 때문이다. 가지가 열매를 맺기 위해서는 가지치기를 하고(자신의 삶을 정리하고) 포도나무에 붙어 있어야 한다(예수님을 주님으로 모시고 그분이 내 삶을 다스리신다). 그것이 바로 제자가 되는 삶이다.

(1) 제자가 된다(Being a Disciple)

영적인 사역과 영적인 열매를 맺는 데에는 반드시 순서가 있다. 그 순서를 지킬 때 영적인 열매가 맺힌다. 예수님은 12 제자를 부르셨을 때 먼저 자기와 함께 있게 하셨다. "이에 열 둘을 세우셨으니, 이는 기와 함께 있게 하시고"(막 3:14) 열두 제자들에게 사역을 요구하시기 전에 예수님은 그들과 함께 있게 하셨다. 함께 있었다는 것은 단지 육체적인 몸만 함께 있는 것을 의미하지 않는다. 예수님을 주님으로 모시며 주님의 다스림과 통치를 받으며 함께 거하는 것이다. 요한복음에서는 먼저 주님 안에 거하는 삶(abide)을 살라고 하셨다(요 15:4-5). 또한 예수님은 제자들에게 대 계명을 말씀하셨을 때 먼저 하나님을 사랑하라고 하셨다(마 22:37). 예수님은 제자들에게 먼저 나를 따라 오라고 하셨고(마 4:19) 예수님은 먼저 그 나라와 그 의를 구하라고 하셨다. 그분의 나라, 그분의 통치, 그분의 다스림을 받는 것이 먼저 해야 할 일이다(마 6:33). 그러므로 우리는 먼저 예수님의 좋은 제자가 되어야(Be a Disciple) 한다.

(2) 제자를 삼는다(Making Disciples)

예수님은 12 제자들에게 먼저 자기와 함께 있게 하신 후에, 그 후에 보내사 전도도 하며 귀신을 쫓게도 하셨다. 하나님을 먼저 사랑할 때 하나님의 사랑을 경험하게 되고 그 사랑이 흘러 넘쳐 이웃도 사랑하게 된다. 먼저 포도나무에 붙어 있을 때 그 후에 많은 열매를 맺을 수 있고 그 나라와 그 의를 먼저 구할 때 이 모든 것들도 더하신다고 하셨고 먼저 주님을 따라 갈 때 그 후에 사람 낚는 어부가 될 수 있다고 하셨다. 먼저 제자가 될 때 다른 사람들을 제자 삼을 수 있는 법이다(Make Disciples).

3. 네 단계의 밭(Four Fields)

하나님의 마음에서 나온 비전은 하나님 나라를 건설하는 사역이다. 예수님께서 하나님 나라를 건설하는 사역을 설명하실 때 주로 비유를 통하여 가르쳐 주셨다. 네 단계의 밭에 대한 개념도 하나님 나라에 대한 예수님의 비유에서 나온 도식이다. 이 도식은 나단 생크(Nathan Shank)가 정리한 버전에 기초하여 설명할 것이다. [7]

재생산 사역의 두번째 주제는 사역의 전반적인 그림을 보여주는 것이다. 재생산 사역의 전반적인 윤곽은 "네 단계의 밭"으로 설명할 수 있다. 그러나 이 네 단계의 밭 안에 들어있는 사역은 다섯 가지로 나누어진다. 이 네 단계의 밭과 다섯 가지의 사역이 무엇인지를 살펴보자.

예수님은 하나님 나라를 설명하실 때 비유를 들어 설명하시곤 했다. 예수님은 현재 이 땅에서 이루어 지는 하나님 나라를 비유(막 4:26-29)를 들어 설명하셨다.

예수님은 하나님 나라는 "사람이 씨를 땅에 뿌림과 같다"(막 4:26)고 말씀하셨다. 하나님 나라를 이루기 위해서는 사람이 씨를 밭에 뿌려야 한다는 것이다. 사람은 믿는 자들이고 씨는 복음이며 밭은 믿지 않는 사람들이다. 앞장에서 비전과 사명에 대해서 언급했는데 이 비전이 헛된 꿈이 되지 않고, 망상이 되지 않고, 미래에 이루어지는 현실이 되기

---

7 Nathan and Kari Shank, Ibid. 네 단계의 밭에 대한 용어에 대해서는 스티브 애디슨(Steve Addisson)의 용어를 참조하였다. Steve Addisson, 「The Rise and Fall of Movement」, 100Mpublishing, 2019. p. 185.

위해서 우리는 영혼의 밭에 복음의 씨를 뿌려야 한다.

씨는 어떻게 자라는가? 농부가 밤낮 자고 깨고 하는 중에 씨가 자라난다고 했다. 우리가 씨를 심어서 우리의 노력으로 씨가 자라는 것 같지만 씨를 자라게 하시는 분은 하나님이다. 씨가 나서 자라되 어떻게 그렇게 되는지 농부는 모른다. 자라게 하시는 분은 하나님이시다. 본문을 보면, 이 밭은 네 단계로 발전되는 것을 볼 수 있다.

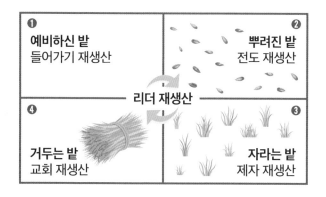

(1) 예비하신 밭(들어가기 재생산/Reproducible Entry)

막 4:28절을 보면, "땅이 스스로 열매를 맺되"라고 하는데 여기서 말하는 땅(밭)은 하나님께서 열매를 맺기 위해 예비해 놓으신 밭이다. 이를 "예비하신 밭"이라고 칭한다. 이 밭에 아직 아무런 씨도 싹도 이삭도 열매도 없는 텅빈 밭이다. 우리의 목표는 믿지 않는자, 잃어버린 영혼을 찾아가서 그들에게 복음을 전하는 것이다. 비록 그일이 어려워도 소망이 있는 이유는 이 밭은 하나님이 열매를 예비하신 밭이기 때문이다. 씨를 뿌리기 위해 먼저 그 밭으로 가야한다. 예비하신 밭에서의 사역은 "들어가기"(Entry) 이다. 단, 우리의 목표는 지도자 한 사람만 이 사역을 하는 것이 아니고, 영적 다음 세대까지 계속해서 연결되어야 하기 때문에 언제나 재생산을 염두에 두고 사역해야 한다. 그래서 들어가기 재생산(Reproducible Entry) 이라고 하였다.

(2) 뿌려진 밭(전도 재생산/Reproducible Gospel)

마가복음 4장에서 씨를 뿌린 후에 "처음에는 싹이요"(막 4:28) 라고 했다. 싹이 나오는 밭을 설명하고 있다. 싹이 나오기 위해서는 이 밭에 씨를 뿌리는 것이 먼저이다. 씨는 복음(Gospel)이다. 믿지 않는 자들에게 복음의 의미와 구원받은 자의 의미가 무엇인지 분명하게 전하고, 가르쳐야 한다. 예수님이 우리의 죄를 사하시고, 삶의 주인이 되시는 주님이심을 분명하게 증거한다. 그래서 두번째 단계의 밭은 뿌려진 밭(Seeded Field)이다. 이 밭에서 해야 일은 복음의 씨를 뿌리는 것 즉 전도이다. 복음의 씨를 널리 모든 곳에 뿌리며 뿌리는 자들이 또 다른 뿌리는 자들을 재생산한다.

(3) 자라는 밭(제자 재생산/Reproducible Disciples)

마가복음 4장의 말씀은 계속된다. "다음에는 이삭이요"(막 4:28) 라고 했다. 싹이 나오면 그 싹이 자라서 이삭이 된다. 그래서 이 밭을 "자라는 밭"이라 한다. 싹이 나오면 거기서 끝나는 것이 아니다. 그 싹을 자라게 해야 한다. 성장하게 해야 한다. 이 밭에서 해야할 일은 제자 훈련(Discipleship)이다. 이 제자 훈련은 4세대까지 이어지는 제자, 제자를 낳는 제자, 즉 제자 재생산(Reproducible Disciples)이다(딤후 2:2).

(4) 거두는 밭(교회 재생산/Reproducible Churches)

"그 다음에는 이삭에 충실한 곡식이라 열매가 익으면 낫을 대나니 추수 때가 이르렀음이니라"(막 4:28-29)고 했다. 곡식이 무르익어 추수할 때가 되어, 추수한 후에 이 곡식을 곳간에 모아둔다. 그래서 이 밭을 "거두는 밭"(Church)이라고 한다. 곡식을 거두어서 곳간에 보관하는데 이것이 훈련한 제자들에 의해 세워지는 교회이고, 세워진 교회는 또 다른 교회를 낳는다. 교회를 낳는 교회, 즉 교회 재생산(Reproducible Churches)이다.

(5) 리더 재생산(Reproducible Leaders)

위에서 설명한 네 단계의 밭 이외에 고려해야 할 중심적 사역이 있는데 그것이 바로 리더를 세우는 일이다(Leaders) 이다. 리더를 키워 세우는 것은 네 단계의 밭에서 가장 중요한 일이라 할 수 있다. 그래서 이것은 한 가운데 위치하고 있으며 첫 단계인 들어가기(Entry) 단계에서부터 기도하며 준비해야 하는 사역이다. 예수님은 추수할 것은 많은데 일꾼이 적다고 했다. 하나님 나라를 위한 일꾼을 세우는 것이 참으로 중요하고 시급한 일이다. 리더들이 세워질 때 제자 사역과 교회 개척 사역은 재생산되고 배가된다. 리더를 낳는 리더, 리더 재생산(Reproducible Leader)이다.

3장

예비하신 밭

들어가기 재생산

Reproducible Entry

선교사로 임명 받고, 맡겨준 민족에게 복음을 전하기 위해 그 나라에 도착하던 날이 아직도 기억에 선명하다. 그때 결심했던 마음 하나는 어떻게 하면 그들의 친구가 될까 였다. 미친듯이 언어를 배우고, 만나는 사람마다 눈을 열고, 귀를 열고, 마음을 열고, 그들의 마음을 얻기 위해 그렇게 애썼던 적이 있었던가!

복음을 전하기 위해서는 내가 그들에게 맞추는 것이지 그들이 내게 맞추는 것이 아니다. 예수님은 우리에게 복음을 전하기 위해 자기를 비우셨고, 낮아지셨고, 육신이 되셨고, 심지어 모욕과 핍박까지도 감수하시면서 복음을 전하셨다. 유대인에게는 유대인처럼 헬라인에게는 헬라인처럼 자신을 낮추는 자세가 바로 예비하신 밭에 들어가는 선교적 자세이다.

예수님께서 말씀하신 자라나는 씨의 비유를 통해서 네 단계의 밭 중 첫번째 밭인 예비하신 밭을 보자. 예수님은 이 구절에서 "땅이 스스로 열매를 맺되"(막 4:28) 라고 말씀하셨다. 농부가 씨를 뿌리기 전에 하나님께서는 그 밭을 이미 예비하셨다고 말한다. 앞으로 이 밭에 씨를 뿌리면 그 씨가 자라나게 되고, 곡식으로 열매를 맺게 된다. 그러나 지금은 비어있다. 비어있지만, 그 밭은 하나님이 "예비하신 밭"이다.

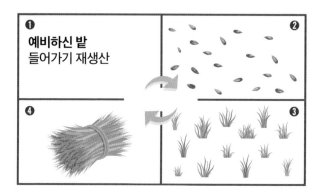

네 단계의 밭 중 첫 단계 밭은 하나님이 예비하신 밭이다. 여기에 해야 할 일이 바로 그 밭으로 들어가기(Entry) 이다. 이 밭에서 해야할 일들이 생각보다 쉽지 않다. 필자의 입장에서는 가장 어려운 단계가 바로 이 단계인 것 같다. 우리가 목표로 하는 교회 개척은 J. D. Payne의 말대로 믿지 않는 자들을 전도하여 이들을 통해 새로운 교회를 세우는 것이다. 이미 믿는 자들을 다시 헤쳐 모아서 교회를 세우는 것이 아니기 때문에 믿지 않는 자들을 찾아가고, 그들과 맘문을 열고, 그들에게 복음을 전할 수 있는 기회를 만드는 것이 결코 쉽지 않다.[1] 여기서 우리는 창의적인 접근 방법, 문화적인 접근 방법 등을 충분히 활용해야 한다.

---

1 J. D. Payne, 「Apostolic Church Planting: Birthing New Churches from New Believers」, IVP Books, p. 23.

하나님께서 보내신 도시와 민족들에게 복음을 전하기 앞서, 그들과 어떻게 접촉하며, 어떻게 연결하는지를 깊이 연구하고, 하나님께서 이끄시는 방법을 찾아야 한다.

우선 예수님께서는 믿지 않는 자들에게 접촉하여 전도할 때 어떻게 하라고 하셨는지를 살펴보고 원리를 찾아보자. 예수님께서 12제자들과 70명의 제자들을 전도하기 위해 파송하셨을 때의 상황을 알아보기 위해서 마태복음 9:37-10:23, 누가복음 10:1-20을 읽고, 예수님께서 말씀하신 것들이 무엇인지 찾아 보자. 특별히 예수님께서 하라고 하신 것들과 하지 말라고 하신 것들을 나누어서 열거해 보도록 한다.

두개의 본문을 통해서 발견한 것들 중에서 다음의 열 가지 교훈들을 얻을 수 있다.

[1] 추수의 주인이신 하나님["추수하는 주인"에게 청하여]

첫 단계의 밭은 예비하신 밭인데 예비하신 밭에서 하나님께서 먼저 일하신다. 이미 일하셨고 지금도 일하시는 하나님의 일에 일꾼이 동참하는 것이다. 하나님은 추수의 주인이시다. 일꾼이 밭에 가서 씨를 심는 일을 해야 하지만 사실은 이미 익은 곡식을 추수하러 가는 것이다. 추수의 주인이신 하나님께서 추수할 것이 많다고 하셨다.

[2] 추수할 일꾼들["추수할 일꾼들을 보내 주소서" 하라, "둘씩" 앞서 보내시고]

예수님은 제자들을 둘씩 보내셨다. 그리고 추수할 일꾼들을 보내달라고 하셨다. 하나님의 일은 혼자서 하는 것이 아니고, 팀으로 함께 하

는 것이다. 추수의 사역에 함께 일할 합당한 팀원들을 위해 기도해야
한다.[2]

(3) 권능(더러운 귀신을 쫓아내며, 모든 병과 모든 약한 것을 고치는 "권능")

예수님은 하늘의 권세와 권능을 가지신 분이시다(마 28:16). 그 권세
와 권능을 추수하는 일꾼들에게 주셨다. 그 권능을 가지고 담대히 나
아간다.

(4) 유사 문화권(이스라엘 집의 잃어버린 양에게로 가라)

예수님은 이방인의 길로도, 사마리아인의 마을로도 가지 말고, 오히
려 이스라엘 집의 잃어버린 양에게로 가라고 하셨다. 복음이 효과적으
로 전해질 수 있는 대상, 복음의 문이 열린 대상 즉, 유사 문화권 사역
대상 민족 혹은 지역과 밀접한 연관이 있는 계층으로 가라는 말씀으로
볼 수 있다.[3] 사도 바울도 선교 여행을 할 때 먼저 유대인의 회당에서
복음을 전했고 그 후에 이방인에게 복음을 전한 것을 볼 수 있다.

(5) 말로 복음 전함(가면서 "전파 말하되")

복음은 반드시 입에서 귀로 들려져야 한다. 누구든지 주의 이름을
부르는 자는 구원을 받으리라고 했는데 믿지 못하고 어찌 들을 수 있으
며 듣지 못하고 어찌 믿을 수 있겠느냐고 바울은 말한다(롬 10:13-15). 믿

---

2 Jeff Christopherson, Ibid, p. 2582(kindle).
3 Compass, p. 49.

음은 들음에서 나고 들음은 그리스도의 말씀으로 말미암는다(롬 10:17). 하나님은 전하는 자의 입을 통해 복음이 전파되도록 하셨다. 복음을 전하지 않는다면 아무도 예수 그리스도를 믿을 수 없을 것이다.[4]

[6] 필요 채움("고치며", "살리며", "깨끗하게 하며", "거져 주라")

복음이 입에서 귀로 들려져야 하지만 복음은 또한 삶으로 보여져야 한다. 예수님은 "이같이 너희 빛을 사람 앞에 비치게 하여 그들로 너의 착한 행실을 보고 하늘에 계신 너희 아버지께 영광을 돌리게 하라"고 하셨다(마 5:16).

[7] 하나님만 의지(전대에 금이나 은이나…"가지지 말고", "가지지 말라")

전도하러 갈 때에 아무 것도 가지고 가지 말라는 것은 오직 하나님만을 의지하라는 것이다. 하나님만을 의지하며 하나님께서 전도의 문을 열어 주시도록 기도한다. 더 나아가 우리의 문화와 방식을 내려 놓고 현지의 문화와 방식에 맞게 우리의 사역을 상황화하는 지혜가 필요하다.[5] 사람들을 연결하기 위한 방안을 현지에서 찾아야 한다. 유대인에게는 유대인처럼 헬라인에게는 헬라인처럼 율법이 있는 자에게는 율법 있는 자 처럼 율법이 없는 자에게는 율법 없는 자처럼 행한다. 그 이유는 그들을 얻기 위함이다(고전 9:19-22).

---

4 J. D. Payne, Evangelism, Biblica Publishing, 2011, p. 39.
5 Foundations, p. 92.

(8) 평화의 사람("합당한 자"를 찾아내어 영접지 않으면 떠나라)

들어가는 밭에는 하나님께서 예비하신 사람들이 반드시 기다리고 있다. 네 종류의 밭에 대한 비유에서 예수님은 길가, 돌밭, 가시밭을 말씀하셨지만 그 안에는 반드시 좋은 밭도 있다. 하나님께서 예비하신 좋은 밭이 있다. 이 좋은 밭이 바로 평화의 사람이다. 마태복음에서는 이를 "합당한 자"(마 10:11) 라고 하였고, 누가복음에서는 "평화를 받을 사람"(눅 10:6) 이라고 표현되어 있다.

(9) 현지인 통한 사역(거기서 머물라)

예수님은 제자들에게 합당한 자 즉 평화의 사람을 찾으면 너희가 떠나기까지 거기서 머물라고 하셨다(마 10:11). 하나님 나라는 바로 이 평화의 사람들을 통하여 30배, 60배, 100배의 열매를 얻게 된다(마 13:1-9). 외부에서 들어간 자들 보다 현지의 사람들을 훈련하여 그들이 사역하도록 할 때 풍성한 열매를 맺게 된다.[6]

(10) 핍박(너희를 공회에 넘겨 주겠고 그들의 회당에서 채찍질 하리라)

복음을 증거하는 곳에는 언제나 핍박이 있었다. 사도행전에서 사도 바울이 복음을 전할 때 언제나 핍박이 따라왔다. 그러나 하나님은 그 핍박을 사용하여서 하나님의 기적을 보이신다. 그 기적을 통해 복음이

---

6 Steve Smith, Neil Mims and Mark Steves, 4 Stages of Movement, Mission Frontiers, October 31, 2015, https://www.missionfrontiers.org/issue/article/4-stages-of-a-movement

더 힘차게 전파되었다. 핍박이 있음을 이상하게 여기지 말고 당연하게 받아들여야 한다.

이상 열 가지 내용들은 교회개척자들이 지역 사회와 연결하여 그곳에서 전도의 문을 여는데 중요한 원리들을 제공해 준다. 필자는 위의 열 가지 내용들을 다시 다섯 가지로 정리하여 오늘날의 사역에 적용할 수 있도록 하였다. 이 단계에서 개척자에게 다음의 다섯 개의 질문들을 던지고 그에 대한 답을 찾아 예비하신 밭에서 해야 할 일들을 시작한다.

1. 하나님이 하시는 일

첫 번째 질문은 "하나님께서 이 지역 사회를 위해 어떤 일을 하시나?" 이는 핸리 블랙가비가 하나님을 경험하는 삶에서 던진 질문이다. 이 땅에 하나님 나라를 건설하는 일은 하나님의 일이다. 하나님은 우리를 부르셔서 그 일에 동참하게 하신다. 우리의 마음과 눈과 귀를 열어 하나님의 말씀에 귀를 기울이고 하나님께 기도해야 한다.[7] 열린 마음으로 귀를 기울인다면 어떤 경로를 통해서든 하나님께서 우리에게 말씀하신다.

새벽 땅 밟기 기도를 할 때 경험한 일이었다. 그날도 평소와 같이 경

---

7 핸리 블랙가비, 「하나님을 경험하는 삶」, 편집부 옮김, 요단출판사, 1993,

의선 숲길을 걸으며 QT본문 말씀을 묵상하고, 네비게이토 성경암송 60구절을 다시 반복 암송하면서 이 땅을 위해 기도하고 있었다. 갑자기 이 지역의 청년들을 향한 하나님의 마음이 내 마음 속에 휘몰아 치기 시작하였다. 잃어버린 청년들을 향한 하나님의 아픈 마음이 내 마음에 다시 전해지기 시작했다. 아! 그렇구나. 하나님께서 이들을 위한 구원의 사역을 이미 시작하고 계셨구나. 그리고 함께 일할 일꾼을 찾고 계셨구나 라는 확신을 갖게 되었다. 우리는 다만 하나님께서 하시는 일에 숟가락 하나 얹어 놓는 일을 하는 것 뿐이다. 우리가 대단한 일을 구상해서 펼쳐나가야 겠다는 망상을 버려야 한다. 이 일은 하나님의 일이고 하나님께서 시작하시고 하나님께서 진행하시기 때문이다.

2. 지역 사회 연구

두 번째 질문은 "지역 사회와 사람들의 필요가 무엇인가?"(지역 연구)이다.

사회는 계속 변하고 있기 때문에 변화의 물결 속에서 이 지역 사회는 무엇을 필요로 하는지를 계속해서 묻고 귀를 열고 사람들로부터 들어야 한다. 이를 위해 데이터에 근거한 지역 사회에 대한 연구와 조사가 필요하다. 예를 들면 위치, 대상, 인구, 종교 시설, 지역특성, 지역 문화, 실제적 필요, 문이 열린 대상, 마음이 가는 사람들, 커뮤니티에서 소

외된 계층, 효과적인 접근 방법, 함께 일할 동역자 등을 연구 조사한다.[8]

서울의 청년들을 대상으로 전도하고 제자 훈련하는 일을 시작하였지만 이 지역의 구석구석을 발로 걸으면서 사람들을 만나고 사람들과 대화하다보니 의외로 외국에서 온 유학생, 취업자들이 많다는 것을 알게 되었고, 그들이 많다는 사실 보다 더 놀라운 사실은 그들의 마음이 복음에 많이 열려 있었다는 사실이었다. 사도 바울이 드로아에서 마게도니아 사람의 환상을 보게 되어 유럽으로 건너가게 된 것 같이 나에게도 외국 유학생, 취업자들을 향한 하나님의 마음을 느끼게 되었다. 그들을 위한 사역을 어떻게 시작할까? 이렇게 지역 사회를 살아 가면서 사람들을 만나고 대화하면서 서서히 알아가게 된다.

3. 팀 구성

세 번째 질문은 "우리와 함께 일할 동역자들과 협력자들은 누구인가?"(팀 구성) 이다.

전도하여 제자를 삼고 교회를 세우는 일은 혼자서 할 수 있는 일이 아니다. 예수님께서. 칠십인의 제자들을 전도를 위해 파송할 때도 둘씩 짝을 지어 파송하셨다(눅 10:1). 예수님 자신도 열 두 제자들과 함께 사역을 하셨고 사도 바울도 세차례의 선교 여행을 하면서 항상 팀과 함께 일했다. 사역을 위한 팀을 구성하고 팀과 함께 협력할 사람들을 찾

---

8 지역 연구를 위한 사례가 부록에 수록되어 있다.

아야 한다.[9]

짐 풋남(Jim Putnam) 이 말한 것처럼 교회는 팀 스포츠이기 때문이다.[10] 그러나 교회 개척자들이 힘들어 하는 것 중 하나는 함께할 팀의 구성원들을 어떻게 찾는가 하는 문제이다. 예수님도 추수할 것은 많은데 일군이 적다고 하셨으며 추수할 일꾼을 보내 달라고 기도하라고 하셨다(마 9:37-38, 10:2). 우리의 모 교회에서, 친구나 가족 중에서, 새로 이사온 사람들 중에서, 아직 믿지 않는 자들 중에서, 지역 사회 리더 중에서, 추수할 일꾼을 찾아, 그들부터 제자 훈련하여, 그들을 핵심 그룹(Core Group) 혹은 창립 팀(Launching Team) 으로 시작할 수 있다.[11]

4. 플랫폼

네 번째 질문은 "개척 팀의 지속적인 사역과 접촉점을 위해 어떤 플랫폼을 가질 것인가?"(플랫폼) 이다. 오늘날의 시대를 포스트 크리스텐덤의 시대라고 말한다. 물론 이 개념은 주로 서구와 북미의 기독교 문화에 해당된다고 볼 수 있지만 기독교가 주류 문화에서 밀려나 변방의 문화로 전락했으며 기독교와 교회에서 이탈하는 교인들이 많아지고 있

---

9 에드 스테처는 이 팀을 핵심 그룹(Core Group) 혹은 창립팀(Launching Team) 이라고 명명했다. Ed Stetzer and Daniel Im, Ibid.
10 Jim Putman, 「Church Is a Team Sport: A Championship Strategy For Doing Ministry Together」, Baker Books, 2008, p. 182.
11 Jeff Christoperson, Ibid, p. 2629(Kindle page).

는 것이 사실이다.[12]

이 시대에서는 국내에서 사역하는 개척자들도 선교지에서 사역하는 선교사의 사역과 다를 바가 없다. 선교사의 자세로 목회자의 역할을 해야 한다. 그러기 위해서 개척자들은 대상 지역과의 지속적인 연결점을 모색하고 사역의 기반을 만들기 위해서 플랫폼이 필요한데[13], 특히 도시 지역에서 이런 필요가 증가하고 있고, 개척자들 중에서도 이중직 사역자들이 증가하고 있다.[14] 필자의 전문 직업으로서 플랫폼은 라이프/커리어 코치이다. 선교사로서 보다 라이프 코치로 커리어 코치로 일하다 보면 그 일을 통해 자연스럽게 믿지 않는 사람들을 접촉할 수 있는 기회를 많이 갖게 된다.

전문 직업으로서의 플랫폼이외에 믿지 않는 자들을 자연스럽게 접촉하기 위한 플랫폼을 마련할 수 있다. 필자가 사용하는 중요한 전도 플랫폼 전략 중 하나는 언어 교환 프로그램이다. 언어 배우는 것에 관심 있는 청년들을 모집하여 약 8주간 공부하고 교제하면서 서로 친해지고 마음이 연결되면서 자연스럽게 복음을 접하게 되고 교회로 연결된다.

신학교 전도실천 시간에 어떤 전도사님은 축구를 좋아해서 세 개의 조기축구회를 다니면서 안믿는 사람들을 접촉하는 분도 있었고, 대학 축제, 학교 앞 혹은 적당한 장소에서 붕어빵 혹은 와풀을 구워서 대접하는 일도 좋은 접촉점이 되었다는 간증을 들을 수 있었다.

---

12 알렌 허쉬, 로버트 프로스트, 「새로운 교회가 온다」, p. 43.
13 Compass, p. 43.
14 Thom Rainer, https://slasherpastor.wordpress.com/2015/02/06/benefits-of-bivocational-ministry-via-thom-rainer/

5. 평화의 사람

다섯 번째 질문은 "하나님이 예비하신 사람이 누구인가?" 이다. 하나님이 예비하신 사람은 바로 평화의 사람이다. 하나님이 예비하신 밭에서 복음의 씨를 뿌릴 때 이 복음을 기쁨으로 받아들이고 복음의 일꾼이 될 사람들은 어느 지역이나 종족에서도 반드시 존재한다. 복음을 모든 밭에 뿌리는 이유는 이 좋은 밭을 찾기 위해서다. 30배, 60배, 100배의 열매를 맺게 하는 좋은 밭은 반드시 있다. 전도는 사실 평화의 사람들을 찾는 것과 같다. 평화의 사람은 예수 그리스도의 복음을 전했을 때 예수님을 주님으로 받아들이는 사람들이다. 성경에 나오는 평화의 사람들의 예는 백부장 고넬료(행 10:9-48), 빌립보 성의 리디아(행 16:15)와 간수(행 16:31-34), 그리스보(행 18:8) 등이다. 이들로 말미암아 가족, 친척, 친구, 이웃, 주변의 영향력을 미칠 수 있는 사람들이 주께로 돌아오게 되고 거기서 교회가 된다. 아래의 그림과 같이 이 교회로 말미암아 또 다른 교회들이 연쇄적으로 생겨나게 된다. 데살로니가 교회가 바로 그 예이다(살전 1:2-10). 이것이 바로 평화의 사람 혹은 평화의 집을 통한 배가 운동이다.[15]

팔로알토에서 교회를 개척할 때 있었던 사례이다. 스탠포드 대학의 유학생들을 대상으로 교회를 개척한지 1년이 지났지만 스탠포드에 다니는 재학생이 아직 한명도 없는 상태였다. 그러나 스탠포드 유학생들을 향한 나의 비전을 들은 한 형제가 나에게 "목사님, 앞으로 좋은 일

---

15 Nathan and Karj Shank, Ibid, p. 40-41.

이 있을 겁니다" 라고 말하는 것이었다. 그때는 그 말을 귀담아 듣지 않았는데 바로 그 주일 예배에 스탠포드에 다니는 재학생들과 가족들 열 가정이 우리 교회를 방문하게 되었다. 열 가정이면 한 가정 당 4명으로 계산해도 40명이었다. 작은 예배당이 꽉차서 앉을 자리가 없을 정도였다. 내 비전을 들은 그 형제가 후배 유학생들 신입생 환영회에 가서 그들을 교회로 인도해 온 것이었다. 그 후 10가정 중 네 가정이 남게 되고 그 가정들을 중심으로 팔로알토 교회에서 스탠포드 유학생 사역의 꽃을 피우게 되었다. 지금 생각해 보니, 그 형제가 바로 우리의 평화의 사람이었던 것이다.

그러나 오해하지 말 것은 전도할 때 그 사람 하나만 있으면 된다는 식의 자세는 금물이다. 평화의 사람이 황금 알은 아니다. 우리에게 주어진 한 사람, 한 사람을 소중히 여기며 그분들에게 잃어버린 영혼을 향한 하나님의 마음을 진심을 담아 나누고 기도 할 때 하나님께서 허락하시면 평화의 사람을 통해 많은 영혼들이 주께로 돌아 올 수 있고, 많은 사람이 아니더라도 한 영혼, 한 영혼 주께 인도할 수도 있다. 때론 그 일도 더딜 수 있다. 그 씨가 땅속에서 병들었는지, 죽었는지, 답답한 마음으로 기다려야 할 때도 있다. 우리는 다만 씨 뿌리는 일에 충성할 뿐이다.

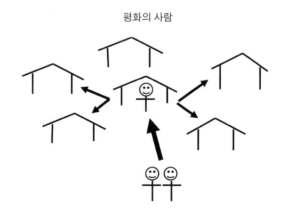

평화의 사람

6. 그 외 들어가기 전략

위에서 열거한 예비하신 밭에 해야 할 것들 이외에 그 지역과 영혼들의 마음을 열기 위한 다양한 방법들이 있다.

(1) 땅 밟기 기도

개척 팀들이 둘씩 짝을 지어 많은 사람들이 오가는 지역을 걸으면서 하나님께 기도한다. 이 지역에서 전도의 문을 열어 주시고, 팀들의 입술을 열어 복음을 담대해 전하게 해 주시고, 복음을 전할 때 사람들의 마음의 문을 열어주시도록 기도한다. 두 명이 한 조가 되어 걸으면서 이 땅을 축복하고, 전도의 문을 열어달라고, 만나는 사람에게 내 입술의 문을 열어달라고, 복음을 듣는 사람들의 마음을 문을 열어 달라고 기도한다.

(2) 지역 사회 봉사

지역 사회의 필요한 일들을 찾아서 예수님의 이름으로 섬기는 일을 한다. "사랑의 섬김" "예수님은 당신을 사랑하십니다" 라는 문구가 적힌 조끼를 입고 쓰레기 줍는 일, 마스크와 소독제를 나누어 주는 일, 외부 관광객들의 길을 안내해 주는 일 등을 할 수 있다. 그 외 지역 사회 단체와 더불어 봉사 프로젝트를 함께 계획할 수도 있다.

(3) 노방 전도

현재 노방 전도는 부정적인 요인들이 많이 있기 때문에 실제로 비효율적이라는 평가가 많이 나오고 있다. 실제로 노방전도를 나가보면 대화를 받아주는 사람이 거의 없는 것을 보게 된다. 사람들에게 부담을 주고, 불편하게 하고, 무례하게 접근하기 보다 사람들로 부터 호감을 가질 수 있는 창의적인 방법을 모색하여 효율적인 방안을 찾아야 할 것이다.

실제 일본에서 열매를 본 사례인데 사람들이 오가는 번화한 거리에서 일정한 장소와 일정한 시간에 정기적으로 나와서 "5분 대화"(Five Minutes Free Talking) 라는 팻말을 들고 있으면 자발적으로 찾아오는 사람들과 대화하면서 간단한 복음을 전하고 전도 모임에 초대하는 방식이다. 어떤 팀들은 그림을 잘 그리는 전도인들이 거리에 앉아서 무료로 지나가는 사람들의 초상화를 그려주는 일을 한다. 그림을 그려주는 동안 대화를 나누면서 복음을 전한다.

(4) 미디어 전도

교회에서 활용하는 미디어 사역은 주로 믿는 사람들에게 대면 예배에 대한 보완 프로그램으로서 비대면 예배, 교육, 훈련, 교제, 기도 모임 등을 제공하는 편이다. 그러나 여기서의 창의적 방식은 믿지 않는 사람들 속으로 들어가서 그들과 어떻게 연결되고, 친구가 되고, 자연스럽게 복음을 전할 수 있을까를 고려하는 것이다.

페이스 북, 인스타그램, 블로그, 유튜브, 메타버스 등을 이용하여 유익한 정보, 교육, 영화들을 무료 나눔하기도 하고, 공통 관심을 가진 사람들과 사귀고 혹은 서로의 필요를 채워주면서 친구가 되어 주면서 관계를 맺어 가기도 한다. 카톡의 소모임, 당근의 나눔 모임 등, 물론 부정적인 측면도 없지 않지만 긍정적인 면을 찾아서 활용할 수 있다면 의외로 열매를 맺을 수 있는 길을 찾을 수 있을 것이다. 최근에는 게임하는 인구가 폭발적으로 늘어나면서 게임을 통해 사람들을 주님께 인도하는 방안들이 제시되고 있는데, 이처럼 여러가지 창의적인 방식을 찾아서 전도에 활용할 수 있다.

전도는 팀원들과 교회가 의도적으로 하지 않으면 전도의 열기는 점점 식어질 것이다. 혼자서 전도를 위한 활동을 하는 것은 쉽게 중단될 수 있기 때문에 리더가 본을 보이면서 같이 기도하고, 같이 동참하여, 전도의 문화를 유지하는 것이 중요하다.

네 단계의 밭 중에서 첫 단계인 예비하신 밭으로 들어가는 것은 사역의 첫 단추이지만 여기서부터 앞으로 제자들과 리더들이 세워질 것을 기대하며 사역을 시작해야 한다. 그리고 위에서 언급한 대로 이 사역은 혼자서 하는 일이 아니고 팀으로 하는 일이기 때문에 개척자의 역할이 중요하지만 팀원들도 모두 이 일을 할 수 있도록 훈련하면서 사역을 진행해야 한다. 그것이 바로 재생산 사역이다. 그래서 우리는 "예비하신 밭"으로 들어가는 단계를 "들어가기 재생산"(Reproducible Entry) 이라 부른다.

4장

뿌려진 밭

전도 재생산

Reproducible Gospel

다양한 접근 방식으로 믿지 않는 자들과 연결되고 그들을 위해 기도하며 그들의 문화로 옷 입고 전도의 발판을 마련하는 것이 예비하신 밭에서 했던 일이라면 그 다음 단계는 그들에게 복음을 전하는 일이다. 복음 전도를 통해 뿌려진 씨앗들이 싹을 내는 단계가 바로 뿌려진 밭의 단계이다.

예수님은 자라나는 씨의 비유를 통해서 "땅이 스스로 열매를 맺되 처음에는 싹이요"(막 4:28) 라고 말씀하셨다. 예비하신 밭은 싹이 나지 않은 상태이며, 아직 비어있는 밭이다. 예비하신 밭에 복음의 씨가 뿌려져서 싹이 나오는 단계가 바로 "뿌려진 밭"의 단계이다.

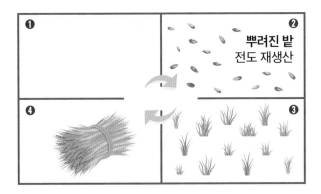

씨를 뿌릴 때 다시 말해 복음을 전할 때 복음을 듣게 되는 대상자들 가운데 세 가지 밭이 있다. 이 밭들 중에는 길가 밭도 있고, 돌 밭도 있고, 가시 밭도 있다. 이 세 가지 밭에서는 싹이 나지 않는다. 싹이 나도 곧바로 죽고 만다. 그러나 싹이 나서 열매를 맺는 밭도 있다. 이 밭을 좋은 밭이라고 한다. 이 좋은 밭은 반드시 존재한다(마가복음 4:1-9).

그러나 세 가지 밭 중에서 어떤 밭이 좋은 밭인지 우리는 알 길이 없다. 그러므로 우리가 씨를 뿌릴 때는 모든 밭들에 씨를 뿌려야 한다. 이 단계에서 우리가 해야 할 과업은 씨를 뿌리는 일이다. 필자는 두 종류의 복음이 있다고 믿는다. 첫째는 보여주는 복음이고, 둘째는 들려주는 복음이다. 보여주는 복음은 마태복음 5장 16절에서 말하는 "착한 행실"이라 할 수 있고, 들려주는 복음은 바울이 로마서에서 말하는 전하기를 부끄러워 하지 않는 복음이다. 예수님의 이름을 부르는 자는 구원을 얻지만 믿지 않으면서 그 이름을 부를 수 없고 듣지 않고서는 믿을 수 없고 전하지 않으면 들을 수 없다. 들려주는 복음은 전하는 자의 입에서 듣는 자의 귀로 들려지는 복음이다. 청각 장애인에게는 수화로 전할 수 있다.

하나님으로 부터 놀라운 은혜와 사랑을 주변에 있는 사람들에게 보여주고 십자가와 부활의 이야기를 전해야 한다. 믿지 않는 자들의 귀에 복음이 들려져야 한다는 점에서는 어떤 이견도 있을 수 없다. 이 일은 반드시 해야하고 할 수 있는 일이다.

복음은 하나님을 떠나 죄인된 인간이 이 땅에 오셔서 십자가에 죽으시고 부활하신 하나님의 아들이신 예수님을 구세주와 주님으로 믿어 하나님의 자녀가 되고 예수 그리스도를 삶의 모든 영역에서 주인으로 모시고 예수님의 다스림과 통치를 받으며 살게 하는 복된 소식이다.

필자는 복음에 대한 설명을 할 때 예수님을 죄를 용서해 주시는 구세주일 뿐 아니라 삶의 모든 영역에서 주님이심을 강조하였다. 예수님께서 주신 지상 대 사명(마 28:19-20)은 모든 민족을 제자 삼으라는 명령인데 제자가 되기 위해서는 먼저 거듭남이 분명해야 한다. 다른 복음이 없어야 하지만 복음의 진수가 왜곡되고 변질되었다면 그 복음은 온전한 복음이라 할 수 없다. 예수님을 믿고 현실의 축복만을 기대한다거나 내세의 구원을 보장받기 위한 수단으로 전락하거나 포스트모더니즘의 영향으로 이성과 합리, 어떤 영적 체험 혹은 과학적 논리만으로 예수님 이외에 다른 길을 찾는다면 그것은 분명 다른 복음이다.

알란 허쉬가 설명하는 사도적 운동(Apostolic Movements)의 여섯 가지 요소 중 첫 번째 요소가 바로 이 복음이었다. 즉, 삶의 모든 영역에서 "예수는 주시다"(Jesus is Lord) 라는 고백이다.[1] 그가 말하는 사도적 운동이란 교회 개척 사역이 하나의 운동(movement)이 되어 전세계로 급속하게 확산되었던 사도행전적 현상을 말한다. 교회가 하나의 운동으로 불타오르기 위해서는 믿는 자 각 사람이 삶의 모든 영역에서 예수님을 주님으로 섬기며 살아가는 진정한 복음에 입각한 거듭난 삶이 선행되어야 한다. 왜냐하면 복음은 모든 믿는 자들에게 구원을 주시는 하나님의 능력이기 때문이다. 전도자는 복음의 내용을 올바로 전하는 것도 중요하

---

1 Lance Ford, Rob Wegner, Alan Hirsch, 「The Starfish and The Spirit」, Exponential Resources, 2021, p. 7.

지만 이 복음이 사람들을 변화시키는 능력의 복음이라는 확신을 가지고 잃어버린 영혼에게 다가가는 것이 무엇보다도 중요하다.[2]

복음을 전하는 방법이 여러가지가 있을 수 있지만 필자가 사역 현장에서 효과적으로 사용했던 전도의 방법을 여기에 소개하고자 한다. 이 전도 방식의 명칭은 오이코스 전도이다. 베드로는 하루에도 삼 천명, 오 천명씩 전도했고 빌리그레함은 수 만명에게 복음을 전하기도 했다. 그러나 오이코스 전도는 내 주변에 있는 사람들 중 한 사람을 주님께 인도한다는 목표로 전도하는 방법이다. 가족, 이웃, 친구, 동료 등 주변의 믿지 않는 사람들 중 한 사람을 예수님께 인도하고자 하는 마음으로 전도하는 것이 오이코스 전도이다. 미국 남침례교단의 국내 선교회(NAMB)에서 벌이는 한 사람 전도인 "당신의 한 사람은 누구입니까?"(Who's Your One?) 전도와 유사한 방식이다.[3] 나의 사회 관계 망 속에 있는 사람들 중에 한 사람을 주님께 인도하는 것이다. 그러나 선교사와 같이 새로운 지역에 들어가는 사람들에게는 관계를 갖고 있는 사람들이 많지 않기 때문에 여러가지의 사회 관계망을 구축하고 확보하는 하는 것이 필요하다. 그것이 들어가기 단계에서 구축하고자 했던 플랫폼이다.

모든 그리스도인들은 가족, 친구, 학교, 일터, 취미 그룹 등 다양한 사회적 관계 속에서 인간 관계의 그물망을 가지고 있다. 에드워드 홀(Edward Hall)의 근접 공간학(Proxemics)의 개념에 의하면 인간 관계에서 물

---

2 에드 스태처, p. 417.
3 https://whosyourone.com/start-a-campaign/

리적 심리적 거리의 네 가지 유형이 존재한다. (1) 친밀적 공간(1-3명, Intimate Space), (2) 개인적 공간(8-12명, Personal Space), (3) 사회적 공간(20-50명, Social Space), (4) 공적 공간(50명 이상, Public Space).[4]

최근 코비드 19로 인해 우리는 사회적 거리(Social Distance) 를 유지하는 것에 익숙해 있다. 사람들은 그들의 삶에 이미 익숙해 있는 친밀의 공간과 개인의 공간 안에서 생활하는 것이 편할 수 있다. 그러나 선교적 관점에서 볼 때 우리는 친밀의 공간과 개인의 공간 안에만 머물지 말고 사회적 공간 속으로 들어가 그 안에서 복음을 통해 하나님 중심의 의미 있고 건강한 관계를 만들어야 한다.

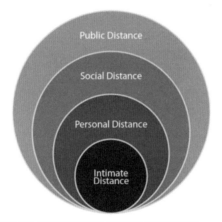

에드 워드 홀(1914-2009)은 4가지 인간관계 거리를 처음 제시했다. 4가지는 다음과 같다. 밀접한 거리(Intimate Distance), 개인적 거리(Personal Distance),사회적 거리(Social Distance), 공적인 거리(Public Distance). 위키백과

사역을 위한 핵심 그룹 혹은 창립 팀은 삶의 현장에 있는 믿지 않는 사람들을 끌어내 교회로 데려오려는 시도 보다는 그들 삶의 현장 속으

로 들어가 그 속에서 공동체를 이루고 하나님 나라를 이루려는 노력을 해야 한다.

오이코스 전도는 사회적 관계의 공간 속에 들어가 그 속에서 복음을 중심으로 한 하나님 나라의 공동체를 형성하는 접근 방식이다. 이 방식은 다섯 단계의 과정으로 전개된다.

1. 하나님의 마음으로 돌아오기

비전 세우기에서 확인했던 성삼위 하나님의 마음을 다시 확인한다. 아버지 하나님의 마음은 모든 사람들이 구원에 이르기를 원하는 것이다(딤전 2:4, 벧후 3:9). 예수님의 마음은 자기를 내려 놓고 잃어버린 영혼을 찾으러 이 땅에 내려오시는 것이다(빌 2:5-11). 성령의 마음은 잃어버린 영혼들을 향한 안타까운 마음을 가지시고 그들에게 예수님을 믿지 않는 것이 죄인 것을 깨닫게 하시는 분이시다(요 16: 8-9).

그 하나님의 마음에서 우리의 비전이 나온다. 하나님께서 주신 나의 은사와 나의 열정과 나의 이야기를 확인하고 하나님께서 나를 보내신 이 지역과 사람들을 다시 생각해 본다. 그리고 지금도 이 지역과 이 사람들을 위해 하나님께서 어떤 일을 하시는지 찾아본다. 하나님께서 예비하신 평화의 사람이 누구인지 하나님께 기도하며 구한다.

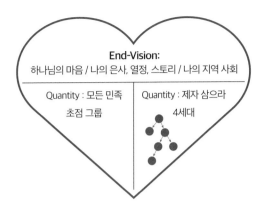

2. 오이코스 맵

사도 바울이 빌립보 성에 들어가 전도할 때 루디아와 빌립보 간수를 만나서 복음을 전했다. 루디아와 빌립보 간수는 복음을 듣고 예수님을 믿었으며 곧 바로 그의 가족들에게 복음을 전했고 모든 가족들이 침례 (세례)를 받았다. 사도 바울은 이같이 말했다. "주 예수를 믿으라 그리하면 너와 네 집이 구원을 받으리라"(행 16:31). 주 예수님을 믿으면 너와 네 집(오이코스)이 구원을 받으리라고 말한다. 예수님을 믿게 된 자들은 자신 뿐 아니라 자신의 관계 망에 가까이 있는 자들에게 복음을 전해야 한다. 가족, 친척, 친구, 이웃, 동료, 지인들이 이에 속한다. 자신의 사회적 관계 망에 속한 네 가지 유형의 공간을 떠 올려 본다. 떠오르는 사람들의 이름을 모두 적어보고 그들 가운데 복음이 당장 필요한 사람, 마음이 가는 사람, 하나님께서 다가가게 하는 사람들이 누구인지 찾아본다. 복음을 들어야 할 사람들의 우선순위를 정하고 그들 중에서 우선적으로 전도할 5명의 이름을 오이코스 맵에 적는다.

요한복음 17장에서 볼 수 있는 예수님의 기도 중 하나는 "이 사람들만을 위함이 아니요 또 그들의 말로 말미암아 나를 믿는 사람들도 위함이니 아버지여, 아버지께서 내 안에 내가 아버지 안에 있는 것 같이 그들도 다 하나가 되어 우리 안에 있게 하사 세상으로 아버지께서 나를 보내신 것을 믿게 하옵소서"(요 17:20-21)라는 기도이다. 사람들이 예수님을 믿게 되면 그들 만이 아니요 그들의 말로 또 다른 사람들에게 복음이 전해져야 한다. 예수님의 기도는 에베소서 1장 22-23절에서 완성된다. 만물이 그의 발 아래 복종하게 하시고 그를 만물 위에 교회의 머리가 되신다. 이 놀라운 사역의 첫 걸음을 오이코스 맵을 통해 시작한다.

요 17:20-21

3. 오이코스를 위한 기도

하나님의 역사를 통해 인간의 역사에 나타나는 부흥 운동에는 언제나 비상한 기도가 있었다. 사람들을 구원하여 제자가 되고 주님의 몸된 교회가 세워지는 일은 인간의 일이 아니고 하나님의 일이다. 하나님께서 우리의 기도를 통해 우리의 전도를 통해 이 일을 이루신다. 그러므로 우리는 이 하나님의 사역을 위해 간절히 기도해야 한다. 요한복음 17장에서 하나됨을 위한 예수님의 기도처럼 우리도 이 기도를 주님께 드려야 한다. 마태복음 6장에서 예수님께서 제자들에게 가르쳐 주신 기도처럼 아버지의 이름이 모든 사람에 의해 높임을 받으시고 아버지 나라가 이 땅에 임하시고 아버지 뜻이 이 곳에 이루어 지도록 기도해야 한다(마 6:9-10).

그들을 위해 기도할 때 기도 수첩을 만들어서 수시로 그들의 필요가 무엇인지 그들의 문제가 무엇인지를 파악하여 기도 수첩에 적어놓은 대로 매일 하나님께 기도한다. 특별히 전도자 자신과 오이코스 맵에 기록된 사람들을 위하여 다섯 가지 문을 여는 기도를 한다. 다섯 가지 문을 여는 기도는 다음과 같다.

[1] 하늘의 문

하늘의 문을 열어주셔서 그들을 위한 축복의 기도를 드린다. 시편 78:23-24절을 보면 하나님께서 하늘의 문을 여시고 이스라엘 백성들에게 하늘의 만나를 비같이 내려 주시는 모습을 보게 된다. 하나님 나라를 위한 영혼 구원 사역을 시작하면서 하나님께서 하늘 문을 여시고 하나님의 은혜와 능력이 비처럼 만나처럼 임하기를 기도한다. 오이코스의 영혼들에게 축복을 열어주시기를 기도한다.

(2) 내 마음의 문

주님과 교제의 문이 열리도록 기도한다. 요한계시록은 영적으로 차지도 덥지도 않고 미지근한 라오디게아 교회를 책망하는 말씀이 나온다.

> "무릇 내가 사랑하는 자를 책망하여 징계하노니 그러므로 네가 열심을 내라 회개하라 볼지어다 내가 문밖에 서서 두드리노니 누구든지 내 음성을 듣고 문을 열면 내가 그에게로 들어가 그로 더불어 먹고 그는 나와 더불어 먹으리라"(계 3:19-20)

영적으로 미지근한 상태에 있는 내 마음의 문을 열고 주님 안에 거하는 삶(Abiding in Christ)을 다시 회복하여 주님과 함께 거하며 먹고 마시고 나의 삶의 모든 영역을 주님이 다스리는 삶이 되도록 기도한다.

(3) 전도의 문

전도의 문을 열어달라고 기도한다. 사도 바울은 골로새 교회를 향하여 자신의 전도 사역을 위해 기도해 달라고 요청하고 있다.

"또한 우리를 위하여 기도하되 하나님이 전도할 문을 우리에게 열어 주사 그리스도의 비밀을 말하게 하시기를 구하라 내가 이 일 때문에 매임을 당하였노라 그리하면 내가 마땅히 할 말로써 이 비밀을 나타내리라"(골 4:3-4)

우리에게 전도의 문을 열어주시기를 기도한다. 오이코스 명단이 있는 사람들의 마음을 가난하게 하시고 그들 마음에 갈급한 마음을 주셔서 하나님을 향해 마음이 열리기를 기도한다. 삶에 지쳐 목마른 영혼들을 만나게 하시기를, 가정에, 직장에, 건강에 문제가 생겨 어떻게 해야 할지 모르는 사람들에게 인생의 진정한 의미를 찾게 하시고 하나님 없이 살아가는 사람들이 구원자이시고 인생의 주인이신 하나님의 말씀에 목마르게 하시기를 기도한다.

[4] 내 입술의 문
내 입술의 문을 열어 담대히 복음을 전하게 해 달라고 기도한다.

"또한 우리를 위하여 기도하되 하나님이 전도할 문을 우리에게 열어 주사 그리스도의 비밀을 말하게 하시기를 구하라 내가 이 일 때문에 매임을 당하였노라 그리하면 내가 마땅히 할 말로써 이 비밀을 나타내리라"(골 4:3-4)

예수 그리스도를 믿는 믿음은 그리스도의 말씀을 들음으로 생긴다고 말씀하셨다(롬 10:17). 사도 바울도 그리스도의 비밀 즉 복음을 말하게 하시기를 기도해 달라고 한다. 그가 마땅히 할말로써 복음을 나타내게 기도해 달라고 요청한다. 바울을 본받아 우리도 우리 입술을 열어서 구원을 주시는 하나님의 능력인 예수 그리스도의 복음을 담대히 그리고 명확하게 전하게 해 달라고 기도해야 한다.

(5) 듣는 자들의 마음의 문

그들이 복음을 들을 때 그들의 마음을 열어주시도록 기도한다. 전도자는 복음을 전할 수는 있지만 전하는 복음을 믿게 할 수는 없다. 듣는 자들이 복음을 듣고 믿게 되는 것은 성령께서 하시는 일이다. 예수님은 성령님이 오시면 "죄와 의와, 심판에 대하여 세상의 잘못을 깨우치실 것"(요 16:8, 새번역)이라고 하셨다. 예수님은 니고데모에게도 사람이 물과 성령으로 나지 아니하면 하나님 나라에 들어갈 수 없다고 하셨다 (요 3:5). 사람이 예수 그리스도의 복음을 듣고 거듭나게 되는 것은 성삼위 하나님의 역사이다. 예수님은 구원의 역사는 하나님의 일이라고 다음과 같이 말씀하셨다.

> "나를 보내신 아버지께서 이끌지 아니하시면 아무도 내게 올 수 없으니 오는 그를 내가 마지막 날에 다시 살리리라"(요 6:44)

> "또 이르시되 그러므로 전에 너희에게 말하기를 내 아버지께서 오게 하여 주지 아니하시면 누구든지 내게 올 수 없다 하였노라

하시니라"(요 6:65)

그러므로 우리는 복음을 전할 때 듣는 자들이 복음을 듣고 그들의 마음의 문을 열어 주시도록 기도해야 한다. 다음과 같이 다섯 가지 문을 여는 기도를 드린다.

(1) 하나님께서 하늘 문을 열어 그들이 하늘의 복을 받을 수 있도록
(2) 하나님께서 내 마음의 문을 열어 예수님 안에 거하는 삶을 회복할 수 있도록
(3) 하나님께서 전도의 문을 열어 오이코스들이 복음에 관심을 가질 수 있도록
(4) 하나님께서 내 입술의 문을 열어 올바르고 담대하게 복음을 전할 수 있도록
(5) 하나님께서 듣는 자의 마음의 문을 열어 복음을 받아 들 수 있도록

4. 필요 채워주기

앞에서 언급한 것처럼 복음은 들려지는 복음도 있지만 보여지는 복음도 있다. 믿지 않는 자들에게 들려지는 복음을 전하기 전에 보여지는 복음을 통해서 그들 마음의 문이 열릴 수 있다. 예수님과 베드로 사

도는 사랑의 섬김을 통해 믿지 않는 자들이 하나님께 돌아올 수 있다고 말씀하고 있다.

> "이같이 너희 빛이 사람 앞에 비치게 하여 그들로 너희 착한 행실을 보고 하늘에 계신 너희 아버지께 영광을 돌리게 하라"(마 5:16)

> "너희가 이방인 중에서 행실을 선하게 가져 너희를 악행한다고 비방하는 자들로 하여금 너희 선한 일을 보고 오시는 날에 하나님께 영광을 돌리게 하려 함이라"(벧전 2:12)

자기의 집을 동네 사람들에게 오픈하여 섬길 때 복음이 찾아온다고 말한 로사리오의 간증, 육아에 지친 엄마를 위해 아이를 대신 돌봐주는 일, 코비드 19 때문에 장보기 어려운 노인들을 위해 대신 장봐 주는 일 등 섬길 수 있는 구체적인 일들을 창의적으로 생각하여 사랑으로 섬기면서 관계를 쌓아간다.

그러나 이런 섬김의 일을 할 때 자신이 그리스도인임을 밝히고 예수님의 사랑으로 섬긴다는 것을 그들에게 처음부터 알려야 한다. 그리고 이러한 관계가 형성되면 두세 번 만날 때에 반드시 복음을 전해야 한다. 섬기면서 관계를 쌓아가는 시간이 길어지면 이후에 복음을 전하기가 곤란한 상황이 생길 수 있다. 이 말하려고 그동안 자기에게 잘해 주었냐는 말을 듣게 된다. 그러나 자신이 그리스도인임을 말하고 복음을 전했을 때 당시에는 복음을 받아들이지 않더라도 섬김의 태도를 바꾸지 말고 한결같은 태도로 그들을 섬겨야 한다. 그럴 때 전도자로서의 진정성이 느껴진다.

5. 나의 이야기, 하나님의 이야기

복음을 전할 때 전할 내용이 분명해야 하며 예수 그리스도를 믿는다는 것이 무엇인지 선명하게 전해야 한다. 그래야 듣는 자들이 무엇을 믿어야 할지를 알 수 있다. 사도 베드로는 복음 전하는 자가 어떻게 복음을 준비해야 하는지를 다음과 같이 말했다.

> "너희 마음에 그리스도를 주로 삼아 소망에 관한 이유를 묻는 자에게는 대답할 것을 항상 준비하되 온유와 두려움으로 하고"(벧전 3:15)

소망의 이유를 묻는 자들에게 대답할 것을 항상 준비해야 한다. 그것은 두 가지 이야기 즉 나의 이야기와 하나님의 이야기이다. 나의 이야기는 내가 어떻게 구원을 받게 되었는가에 대한 이야기이다.

(1) 나의 이야기

이를 구원 간증이라 하는데 구원 간증은 세 부분으로 구성된다. 첫째는 예수님을 믿기 전에 나의 삶, 둘째는 예수님을 믿게 된 사실, 마지막 셋째는 예수님을 믿고 난 후의 변화된 삶을 말한다. 구원 간증은 길게 하면 끝없이 길어 질 수 있다. 구원 간증에 대해서 여러 가지 이야기들이 많이 있지만 그 중에 가장 분명하고도 쉽게 표현할 수 있는 것을 택하여 이야기를 구성한다.

그래서 예수님을 믿기 전의 삶을 가장 잘 나타내는 단어 두개를 기록한다. 그리고 예수님은 내 죄를 용서해 주셨고 내 인생의 모든 영역에서의 주인임을 말한다. 그리고 예수님을 믿고 난 후의 변화된 삶을 가장 잘 나타내는 단어 두 개를 선택한다. 이 내용을 스토리로 연결하여 표현한다. 다음의 표를 보면 쉽게 이해할 수 있을 것이다.

(2) 하나님의 이야기

하나님의 이야기는 삼원 전도(Three Circles) 법을 이용한 성경의 이야기이다. 이 이야기는 세 가지 내용으로 구성된다. 이를 세 개의 원으로 표현했다.

하나님을 떠난 사람들의 삶은 고통, 질병, 죽음으로 얼룩진 모습이다. 이를 깨어진 삶이라고 표현한다. 그러나 하나님이 본래 디자인한 인생의 모습은 하나님을 사랑하고 사람들을 사랑하는 아름답고 가치 있는 삶이었다. 그러나 인간은 인생의 주인이신 하나님을 등지고 자기의 길을 선택하고 말았다. 이것이 죄이다. 죄의 결과 깨어진 삶을 살게 된 것이다.

사람들은 이 깨어진 삶에서 벗어나기 위해 여러 가지 방법으로 시도했지만 할 수 없었다. 하나님은 깨어진 삶에서 벗어날 수 있는 한 가지 방법을 주셨다. 그것이 바로 하나님의 아들이신 예수 그리스도이다. 예수님은 우리 죄를 위해 십자가에 죽으셨고 다시 부활하셨다. 이 예수님은 내 죄를 위해 죽으시고 내 죄를 사해 주신 구세주 이시며 내 삶의 모든 영역에서 왕이시고 주님이심을 받아들이면 우리는 새로운 삶을 살게 되고, 하나님께서 본래 디자인하신 삶을 살 수 있게 된다. 이 내용을 아래와 같이 그림을 그리면서 설명할 수 있다.

3원 전도는 비교적 단순하게 복음을 설명한 것이지만 복음의 내용을 좀더 자세하게 전하고자 한다면 C2C(Creation To Christ) 이야기를 전하면 된다. 이 이야기는 복음의 내용을 스토리텔링의 형식으로 전하는 것이기 때문에 전하는 자의 진심과 확신을 고스란히 전해 줄 수 있는 유익한 전도 방식이다.[5] 천지창조의 이야기를 시작으로 하여 탕자의 이야기를 통해 하나님 아버지께 다시 돌아오는 이야기는 아주 강력한 복음의 메시지이다(1부: 성경에 기초한 진리의 이야기, 2부: 하나님과의 관계를 위한 창조, 3부: 하나님과 멀어진 인간, 4부: 하나님께 돌아올 수 없는 인간, 5부: 이 땅에 오신 예수님, 6부: 완벽한 제물이 되신 예수님, 7부: 방황하는 아들, 8부: 하나님께 돌아오는 길).

통계적으로 볼 때,복음을 한번 듣고 단번에 믿는 사람들은 많지 않다. 지속적인 사랑의 섬김과 기도 그리고 복음 전도를 통해 마침내 그리스도께 돌아오는 경우가 많기 때문에,사랑의 섬김과 전도는 장기적인 안목을 가지고 시작해야 한다.

전도가 쉽다는 사람은 없다. 특히 요즘 복음을 전하게 되면 복음을 들어도 예수님을 주님으로 받아들이는 사람들이 너무나 적다. 그래서 전도하는 일을 엄두도 내지 못하는 크리스찬들이 많이 있다. 그러나 필자 부부가 이 전도 방식을 가르치고 훈련할 때 많은 열매를 보게 되었다. 중국어로, 영어로, 한국어로 훈련할 때 마다 성령께서 새로운 힘과 능력을 주신다. 사도행전 1장 8절이 말하는 바와 같이 성령이 임하실 때 권능을 받게 되고 그러면 자연히 증인이 된다고 하셨다. 전도는

---

5 3원 전도와 C2C 전도의 내용은 부록에 수록되어 있다.

설득으로 논리로 되는 것이 아니다. 성령의 능력으로 전해져야 한다.

뿌려진 밭의 단계에서 해야 할 일은 복음을 증거하는 일인데 전도자 자신만 그 사역을 하는 것이 아니고 복음을 듣고 믿은 자들도 그 복음을 다른 사람들에게 전하도록 격려하고 훈련한다. 그래서 복음 전도가 재생산되도록 한다. 우리는 이 밭을 "뿌려진 밭"에서의 "전도 재생산"(Reproducible Entry) 이라 부른다.

5^장

자라는 밭

제자 재생산

자라는 밭에서의 주요 사역은 제자 훈련이다. 사실 예수님께서 제자들에게 교회를 개척하라는 명령을 주신 적은 없다. 대신 제자들에게 지상 대 사명으로 주신 명령은 제자 삼으라는 것이었다(마 28:18-20). 예수님을 주님으로 믿으며 살아가는 그리스도인들이 반드시 해야할 가장 중요한 사명은 제자 삼는 것이다. 어떤 교회 개척자들은 교회를 시작해 놓고 그 후에 전도하고 제자 훈련에 대한 계획을 세우기도 한다. 그것은 순서가 뒤바뀐 것이다. 제자 훈련이 우선이다. 제자가 세워지면 그 제자 훈련의 열매로 교회가 세워진다. 마태복음 16장에서 예수님은 예수님이 내 교회를 세운다고 하셨다(마 16:16). 제자 훈련에 충실하다 보면 제자 훈련의 열매로 교회가 세워진다. 제자 훈련은 해도 되고 안해도 되는 선택사항이 아니다. 그리스도인이라면 교회라면 반드시 의도적으로 해야하는 것이 바로 제자 훈련이다.

　예수님께서 자라나는 씨의 비유를 통해서 "처음에는 싹이요 다음에는 이삭이요"(막 4:28) 라고 하셨다. 싹이 나오는 단계를 뿌려진 밭, 즉 전도하는 단계라고 한다면 그 다음은 이삭이 나오는 단계인 "자라는 밭"이다.

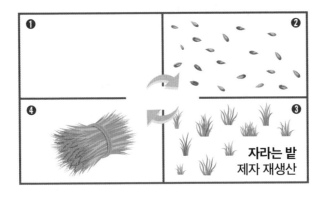

뿌려진 밭에서 복음이 전해져서 예수님을 믿게 된 자들은 영적으로 자라야 한다. 교회에서나 기독교 단체에서 제자 훈련한다는 것에 이의를 제기하는 사람은 없다. 모두 다 제자 훈련을 해야 한다고 말한다. 그러나 제자 훈련이라고 할 때 그 제자가 어떤 제자인가? 제자를 삼되 어떤 제자를 삼느냐 하는 것이 중요하다. 제자 됨의 정의가 선행되어야 한다.

1. 제자의 정의

그렇다면 진정한 제자 됨의 특징은 과연 어떤 제자일까? 성경이 말하는 예수님의 제자는 다음과 같은 네 가지 특징을 가진 자이다.

(1) 하나님의 마음을 가진 자
제자를 삼으라는 명령에 따라 순종하는 자세로 제자 훈련한다면 어던지 딱딱하고 메마른 느낌이 든다. 그러나 잃어버린 영혼을 향한 하나님 아버지의 마음을 안다면 제자 훈련에 대한 뜨거운 마음이 솟아나고 마음을 다해 성품을 다해 힘을 다해 목숨을 다해 제자 훈련하리라는 열정이 피어오른다. 그래서 하나님의 마음을 아는 것이 중요하다.

100마리 양 중에서 한 마리를 잃어버렸는데 99마리를 들에 두고, 잃어버린 한 마리를 찾을 때까지 찾고야 마는 것이 잃어버린 영혼을 향한 아버지 하나님의 마음이다. 필자는 미국의 디즈니월드에서 딸을 잃어버린 경험을 가지고 있다. 벌써 30여 년 전의 일인데도 그 장면과 그 마음은 아직도 생생하게 기억하고 있다. 딸을 잃었을 때의 내 마음은 한마디로 죽을 것 같은 마음이었다. 숨이 쉬어지지 않았다. 정말 미치고 환장할 지경이었다. 아! 그런데, 잃어버린 영혼을 향한 하나님의 마음이 그런 거였다고 생각하니 눈물이 나온다.

필자가 가장 좋아하는 성경 구절은 누가복음 15장 20절이다. "아직도 거리가 먼데 아버지가 그를 보고 측은히 여겨 달려가 목을 안고 입을 맞추니" 사랑 받을 자격이라고는 하나도 없는 탕자를 이미 용서해 놓고 돌아오기를 기다리는 아버지의 마음 그것이 곧 하나님의 마음이다. 잃어버린 한 마리 양이 착한 양도 아니고 잘난 양도 아닌데 그냥 못 본 체 하고 넘어가도 될 법도 한데 그 못된 양을 그 엄청난 사랑으로 맞이해 주시는 하나님 아버지의 마음!

우리가 아직 되었을 때 그리스도께서 우리를 위하여 죽으심으로 하나님께서 우리에게 대한 자신의 사랑을 확증하셨던 하나님의 예상치 못한 사랑, 여전히 죄인인데 자격 없는 자인데 그럼에도 불구하고 덮어 놓고 사랑하시고 그 죄인을 불쌍히 여기고 돌아오는 양을 맞이하기 위해 걸어갈 수 없어서 달려 가고야 마는 아버지의 그 애틋한 사랑, 그 모습 그대로 안아주고 맞이해 주는 아버지의 마음, 그것이 바로 하나님의 마음이다.

사도 바울은 빌립보 교인들에게 그리스도 예수의 마음을 품으라고 말한다(빌 2:5). 그리스도 예수의 마음은 무엇일까? 자신의 하나님 됨을 버리고 인간이 되어 죄인을 위해 십자가에 죽으시는 마음이다. 자신의 하나님 됨을 내려 놓음이고 자신의 권리를 포기하는 것이다. 권리를 포기하는 이유는 죄인들을 사랑하여 그들을 얻기 위해서이다. 그것을 선교학자들은 "선교적"(missional) 혹은 성육신적(incarnational) 이라고 표현하였다.[1]

성령님은 사람들을 위해 말할 수 없는 탄식으로 기도하시며 예수님의 십자가의 사랑을 믿지 않는 것이 죄라는 것을 가슴 깊이 깨닫게 하신다. 하나님은 모든 사람이 구원에 이르기를 원하시고, 모두 다 회개하여 구원에 이르기를 원하신다. 그 하나님의 마음을 가지고 하늘 보좌를 버리고 이 땅에 내려오신 예수님이시다. 죄인을 사랑하시며 죄인이 예수님을 믿음으로 의롭게 되기를 간절히 원하시는 분이 성령님이시다. 제자는 바로 성삼위 하나님을 올바로 아는 것에서부터 출발한다.

---

1 알렌 허쉬,「새로운 교회가 온다」, p. 71.

[2] 주 예수님을 따라가는 자

예수님은 자기에게 나아오는 자들에게 "나를 따라오너라 내가 너희를 사람을 낚는 어부가 되게 하리라"(마 4:19)고 하셨다. 예수님의 말씀에 순종하여 예수님을 따라가는 자가 예수님의 제자이다. 예수님을 따라간다는 것은 무슨 의미일까? 예수님을 만나기 전에는 고기를 따라가는 인생이었다. 고기를 많이 잡으면 행복하고, 고기를 잡지 못하면 낙심하는 인생이었다. 돈과 명예와 쾌락과 자기 만족을 추구하며 사는 인생이었다.

그러나 예수님을 만난 후 예수님이 인생의 주인이 되셨다. 예수님이 다스리는 삶을 시작했다. 자신의 죄를 용서해 주시고 자기 인생의 주인 되셔서 자신을 다스려 주시는 예수님을 따라가는 인생이 된 것이다. 요한복음 4장에 나오는 사마리아 여인에게 하신 예수님의 말씀처럼 이 물을 먹는 자는 다시 목마르지만, 내가 주는 물을 먹는 자는 영원히 목마르지 않는 것처럼(요 4:13-14) 생수의 근원되신 예수님을 주인으로 섬기며 그분을 따라가는 사람 이 사람들이 예수님의 제자들이다.

예수님을 따라간다는 것은 예수님이 나의 죄를 용서해 주신 구세주일 뿐 아니라 내 모든 인생의 주님이라는 것을 인정하고 따라가는 것을 말한다. 구원 받은 감격이 흘러 넘칠 때는 주님을 따르겠다고 했지만 고난과 어려움, 핍박이 올 때는 돌아서 버리는 것이 아니다.

한국에서 청년들을 훈련시켜 해외에서 6개월에서 2년까지 선교팀을 선발하고 훈련하여 파송한 적이 있었다. 몇 년 동안은 청년들이 선교지에서 활동을 잘 하고 건강하고 안전하게 돌아왔지만 어떤 팀들은 전도하다가 제자 훈련하다가 경찰에 잡히고 심문을 받고 협박과 위협을 당하고 고난을 당하고 추방되어 쫓겨나게된 경우도 있었다. 힘없는 모습으로 귀국한 청년들을 보면서 마음이 찢어지게 아팠지만 그들이 돌아와서 환영 예배를 드리면서 부르던 그 찬양을 잊을 수 없다. "주님 뜻대로 살기로 했네! 뒤 돌아 서지 않겠네. 어떠한 시련이 와도 우리를 조롱하여도 신실하신 주님 붙들리라! 뒤 돌아 서지 않겠네" 그 찬양을 부르면서 우리는 제자입니다 라고 소리치는 그들의 모습을 잊을 수 없다. 주님의 제자는 주님을 따르고 뒤돌아 서지 않는 자이다.

(3) 사람 낚는 어부

예수님은 "나를 따라오너라 내가 너희를 사람을 낚는 어부가 되게 하리라"고 말씀하신 것처럼 예수님은 자신을 따라가는 자들에게 새로운 사명을 주시고 능력을 주신다. 그 사명과 능력은 사람 낚는 어부가 되는 것이다. 고기 잡는 어부가 아니라 사람 낚는 어부가 되게 하신다. 고기가 인생의 전부였지만 이제는 인생의 초점이 사람으로 전환되었다. 사람 낚는 어부, 이것이 곧 예수님께서 지상 대 사명으로 말씀하신 "제자 삼으라"(마 28:19) 라는 명령이며 "내 양을 먹이라"는 예수님의 당부이다(요 21:15-17).

물론 이 세상에 살 때에 고기도 잡아야 하고 물을 길어야 하지만 그것이 인생의 목적은 아니다. 그 고기 잡는 일을 통해 물 긷는 일들을 통해서 사람 낚는 어부, 제자 삼는 일을 한다. 이 일은 절대로 제자들 자신의 힘으로 되는 것이 아니다. 주님을 주인으로 섬기며 따라가는 삶을 살 때 주님께서 힘을 주서서 사람 낚는 어부가 되게 해 주신다. 가지 가 나무에 붙어 있을 때 열매를 맺게 해주시는 것과 같다.

(4) 재생산하는 자

위의 세 가지 특징은 제자로서 너무나 중요한 특성이다. 그러나 필 자가 여기서 정작 말하고 싶은 제자는 다른 사람들을 다시 제자 삼는 제자이다. 진정한 예수님의 제자라면 나만 제자로 잘 자라는 것이 아 니고 다른 사람들을 제자 삼는 일을 하는 자가 요즘 말로 찐 제자이다.

예수님은 요한복음 15장에 나오는 포도나무와 가지 비유를 통해 "너희가 열매를 많이 맺으면 아버지께서 영광을 받으실 것이요 너희는 내 제자가 되리라"(요 15:8) 고 말씀하셨다. 예수님이 원하시는 고기만 많 이 낚는 세속적인 성공도 아니고 구덩이를 파되 터진 구덩이를 파는 것 과 같이 열심만 있는 삶도 아니다. 예수님은 많은 열매를 맺는 삶을 원 하신다.[2]

많은 열매를 맺는 삶이란 어떤 삶을 말씀하시는 것일까? 예수님 은 밭의 비유를 통해서도 씨가 밭에 떨어질 때 길가에, 돌밭에, 가시밭 에 그리고 좋은 밭에 떨어진다고 하셨다. 그러나 열매는 오직 좋은 밭 에서 열매를 맺는다. 그 열매는 한두 개의 열매가 아니라 30배, 60배, 100배의 엄청나게 많은 열매이다(마 13:1-9). 겨자씨 한 알이 자랄 때 모 든 식물 보다 크게 자라 큰 나무가 되어 새들이 깃드는 나무가 되는 것

---

2 팀 켈러, 「센터 처치」, p. 17.

처럼 상상을 초월한 열매를 맺게 되는 것이 예수님의 제자 사역이다. 여기서 말하는 많은 열매는 대량 생산이 아니다. 한 개의 씨앗이 다른 씨앗을 만들고, 그 씨앗이 또 하나의 다른 씨앗을 낳는 배가 사역 (multiplication) 혹은 제자 재생산 사역(Reproducible discipleship) 이다. 이 재생산 사역이 바로 열매 맺는 일이다.

필자는 제자 됨의 목표를 위의 네 가지로 정리하였다. (1) 하나님의 마음을 가진 자 (2) 주 예수님을 따라가는 자 (3) 사람 낚는 어부 (4) 제자 재생산하는 자. 이러한 제자로 양육하는 것이 제자 삼는 사역의 목표이다.

2. CPM 과 제자 재생산

제자 재생산의 개념은 전술한 바와 같이 CPM에서 강조하는 중요한 개념 중 하나이다. 게리슨은 CPM의 열 가지 보편적 요소들을 제시했다. 교회 개척의 현장에서 개척된 교회들이 올바른 CPM의 사례로 평가되기 위해서 다음과 같은 10가지 보편적 요소들이 있어야 한다고 했다. (1) 비상한 기도 (2) 왕성한 전도 (3) 의도적인 재생산 교회 개척 (4) 하나님 말씀의 권위 (5) 현지인 리더 개발 (6) 평신도 리더 개발 (7) 가정에서 모이는 교회 (8) 교회를 개척하는 교회 (9) 급속한 재생산 (10) 건강한 교회.[3]

---

3 David Garrison, p.172.

1990년대 이래 CPM은 세계 여러 지역에서 활발하게 일어나고 있었다. 게리슨은 그의 책에서 전 세계 8개의 지역에서 일어난 CPM 사례들을 소개하였다. 이 지역들 안에서 일어난 CPM은 IMB 선교사들의 사역을 초월한 사례들이다. 인도, 중국, 다른 아시아 지역, 아프리카, 모슬렘 지역, 라틴 아메리카, 유럽, 북아메리카 등에서 일어난 사례이다.[4] 세계 곳곳에서 일어나는 CPM의 열매들은 실로 엄청난 것이었다. CPM의 정의에서 말하는 것과 같이 엄청난 숫자의 회심과 제자 훈련 그리고 교회 개척이 보고되었다. 2000년에 CPM 훈련을 받은 후 잉카이는 CPM 원리를 중국의 상황에 적용하여 훈련 개념을 보완한 T4T(Training For Trainers)를 개발하여 많은 열매를 얻을 수 있었다.

잉카이와 스미스가 T4T에서 특별히 강조하는 것들은 평신도들이 훈련 받는 동안 그들이 성숙해 질 때까지 기다리지 않고 곧 바로 전도하여, 믿는 자들을 제자 훈련하도록 의도적인 훈련을 했다는 것이다. 물론 훈련 받은 모든 자들이 제자 재생산을 한 것은 아니지만 그 중에 순종하는 자들을 통해 제자 재생산과 배가 운동이 일어났다. 다음 그림은 한 그룹 안에 있는 네 종류의 구성원들을 보여준다(빨강, 노랑, 파랑, 녹색). 그 중에서 제자 재생산에 순종하는 자들은 녹색에 해당되는 그룹 원이다. 그 숫자가 많지는 않지만 이 제자 재생산에 순종하는 사람들을 통해 많은 열매를 맺을 수 있다. (1) 빨강색은 그룹 모임에 출석은 하지만 전혀 복음을 전하지 않는 자들이다. (2) 노랑색은 전도하여 사

---

4 Ibid, 33.

람들을 모임에 인도하지만 자신이 새로운 사람들을 위한 그룹을 만들지 않는다. 데리고 온 사람들을 다른 리더에게 보낸다. (3) 파랑색은 전도하여 새로운 그룹을 만들지만 새로운 그룹이 또 다른 그룹을 만들지는 않는다. 파랑색에서 재생산이 멈춘다. (4) 녹색은 전도하여 새로운 그룹을 만들고 새로운 그룹이 또 다른 그룹을 만든다. 같은 마음으로 섬기고 훈련하지만 우리의 목표는 녹색으로 훈련하는 것이다.

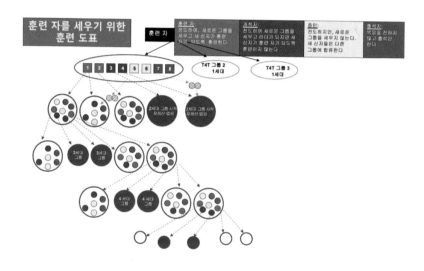

3. 제자 재생산의 원리

CPM과 T4T의 제자 훈련 방식이 제시하는 원리들은 이전의 제자 훈련 방식과 다르지 않다. 그러나 여기서 강조하는 것들을 주의 깊게 살펴 볼 필요가 있다. 오늘날 우리가 놓치고 있는 부분이 무엇인지를 찾아 본래의 방식대로 실천해야 한다. 다음은 실전 경험을 통해서 배운 제자 재생산의 원리들이다.

(1) 제자 훈련의 원동력은 성령이다

물론 훈련자의 열정과 훈련 기술도 중요하다. 열정을 유지하고 효과적인 제자 훈련을 위해서는 훈련 방법과 훈련 요령 등을 배우고 습득해야 한다. 그러나 아무리 그런 것들이 잘 준비되었다 해도 성령님의 역사하심이 없다면 아무런 일도 나타나지 않는다. 이는 마치 윈드 서핑을 하는 것과 같다. 윈드 서핑을 하는 요령을 잘 알고 있다해도 막상 파도가 일어나지 않으면 아무런 소용이 없는 것과 같다. 파도가 일어야 한다. 성령의 역사가 이와 같다.

성령의 역사가 없이는 제자 훈련의 열매도 없다. 사도 바울이 나는 심었고 아볼로는 물을 주었으되 자라게 하시는 분은 하나님이라는 고백이 사실이다(고전 3:6). 제자 재생산은 성령의 역사이다. 우리는 다만 성령의 역사하심에 순종할 따름이다. 성령의 역사를 기대한다는 것은 역시 기도하는 것이다. 하나님 앞에 간절한 마음으로 절박한 마음으로 하나님 아니면 안됨을 절절히 인정하며 모든 것을 맡기고 기도하는 것이 성령을 의지하는 자세이다.

(2) 제자 훈련은 말씀을 살아내고 나누는 것이다

제자 훈련을 할 때 말씀을 이해하는 것에서 끝나는 것이 아니다. 그 말씀을 삶 속에서 살아내고 살아낸 말씀을 다른 사람과 나누는 것이다. 말씀을 듣고, 공부하고, 깨닫는 것도 중요하다. 그러나, 제자 훈련은 거기서 끝나는 것이 아니고 그 말씀대로 살아내고 그 말씀을 다른 사람과 나누는 것으로 연결되어야 한다. 예수님께서 말씀하신 반석 위에 집을 짓는 지혜로운 자들은 말씀을 듣고 행하는 자라고 하셨다(마 7:24-27).

말씀을 듣는 자 자신 만이 아니라 다른 사람들을 위해서도 말씀을 행하도록 훈련한다면 비가 오고, 창수가 나고, 바람이 불고, 코비드가 와도 그 집은 무너지지 않는다. 제자 훈련은 6개월 코스, 1년 코스, 2년 코스 등의 과정을 통해 말씀 훈련하는 것이 끝이 아니다. 말씀을 많이 공부하지는 않더라도 배운 말씀을 일상에서 살아내고 그 말씀을 다른 사람에게 전하여 그 사람이 그렇게 살도록 훈련하고 또 다른 사람을 훈련한다면 그 말씀의 능력이 엄청난 폭발력을 나타낼 것이다. 대부분 우리는 말씀을 듣고, 공부하고, 말씀으로 은혜를 받는 것은 잘하지만 그 말씀대로 적용해서 살아내고 살아낸 말씀을 전하고 그 사람이 다시 재생산하게는 못한다. 그러나 제자 훈련은 이렇게 하는 것이다.

사도 바울은 에베소에서 제자 훈련할 때, 다음과 같이 제자들을 양육했다고 고백한다. "내가 삼 년이나 밤낮 쉬지않고 눈물로 각 사람을 훈계하던 것을 기억하라"(행 20:31). 바울은 말씀을 가르칠 때 눈물로 각 사람을 가르쳤다고 고백한다.

(3) 제자 훈련은 본을 보이는 것이다
예수님은 제자들을 훈련하실 때 이론만 가르쳐 주시고 실제 적용은 제자들이 알아서 하라고 하지 않으셨다. 기도를 가르치실 때, 기도의 본을 보이셨고 섬김을 가르치실 때 섬김의 본을 보여주셨고 전도를 가르치실 때 전도의 본을 보여 주셨다. 훈련자는 본을 보이면서 제자를 훈련해야 한다. 자신은 전도하지 않으면서 훈련생들에게 전도하라고만 한다면 그 훈련생도 다른 사람을 훈련할 때 똑같이 그렇게 할 것이다. 제자 훈련은 교실에서, 강의실에서, 강단에서 이루어지는 것이 아니고 일상에서 이루어 지는 것이다. 사람들은 앞에서 보이는 부분을 보고 배우기도 하지만, 사실은 뒷모습을 보고 더 많이 배운다. 훈련자가 한 말 보다 훈련자가 자신이 가르친 말씀을 삶 속에서 살아낸 흔적을 보고 더 많이 배우는 것이다.

본을 보이는 방법은 MAWL 의 첫 글자를 따서 설명할 수 있다. Model, Assist, Watch, Launch. 1) 먼저 훈련자가 훈련생에게 본(Model)을 보인다. 2) 훈련생으로 하여금 배운 것을 해보도록 하고 훈련자는 옆에서 도와준다. 3) 훈련생이 혼자서 훈련을 해 보라고 하고 훈련자는 훈련생을 지켜 본다, 4) 훈련생이 훈련을 담당하도록 하고 훈련자는 동역자가 된다. 이를 어떤 사람들은 "알-보-시-고"라고 말하는 것을 들은 적이 있다. 먼저 어떻게 하는지 (1) "알려주고", 그 다음에는 시범을 (2) "보여주고", 그 후에는 한 번 해 보라고 (3) "시켜보고", 마지막으로 (4) "고쳐주고" 이다. 필자는 여기서 하나를 더 첨가하고자 한다. 마지막 다섯 번째는 (5) "떠난다" 이다. 새로운 리더에게 교회를 맡기고 다른 예비하신 밭으로 들어가서 전도를 시작한다.

(4) 제자 훈련은 점검과 격려이다(Accountability)

훈련생이 말씀을 잘 살아내는지 그리고 전도하여 새로운 그룹을 훈련하는지, 그 그룹 원들이 또 다른 그룹을 재생산하는지 점검하고 격려한다. 위의 MAWL 과정에서 한단계가 끝나면 반드시 해야 하는 일이 있다. 같이 만나서 서로 이야기한다. 훈련생이 한 것에 대해 건설적으로 평가하고 격려하는 일이다. 이 일을 통해 훈련생은 훈련자로 자라게 된다. 위에서 언급한 대로 점검하고 격려할 사람들은 네 가지이다. 1) 지난 주 배운 말씀을 잘 살아 내었는지 2) 전도했는지 3) 제자 훈련했는지 4) 재생산 했는지를 점검하고 격려한다.

우리 한국적인 문화에서 한 일에 대해 점검하고 격려하는 것이 익숙하지 않은 것이 사실이다. 그러나 재생산 사역을 위해서 이 점검과 격려는 반드시 필요한 과정이다. 이 과정은 피드백(feedback)과 팔로업(Follow-up)을 통해서 지속되고 발전되게 하는 것이다.

(5) 제자 훈련은 대량생산이 아니고 1:1 훈련이다

물론 소그룹 환경 속에서 여러 그룹 원들과 같이 훈련하지만 결국에는 훈련자가 훈련생과 1:1의 만남을 통해 나눔, 점검, 격려가 없다면 열매는 나타나지 않는다. 훈련이라는 무거운 과제를 가지고 만나기 보다는 가족들 만나고, 친구끼리 만나는 것처럼 부담을 내려놓고, 무장을 해제하고 편하게 만나서 이야기 할 수 있는 분위기를 만드는 것이 중요하다. 훈련생이 자신의 절실한 기도제목을 훈련자에게 나눌 수 있어야 하고 자신의 삶의 문제들을 마음을 열고 서로 나눌 수 있는 관계가 되

어야 한다. 물론 매일 만나고, 매일 나누고, 매일 문자 교환하고 그렇게
할 수는 없을 지라도 일주일에 만나서 대화할 수 있는 시간들을 만들
어,지속적인 나눔의 시간을 만드는 것이 중요하다.

[6] 제자 훈련은 4세대 재생산이다

예수님은 지상 대 명령에서 모든 민족을 제자 삼으라고 하셨다. 제
자들을 가르칠 때 지킬 수 있도록 가르치라고 하셨다. 이 말씀은 제자
들이 또 다른 사람들을 제자 삼도록 훈련하라는 말씀으로 받을 수 있
다. 그렇게 될 때 모든 사람들에게 복음을 전할 수 있고, 모든 민족을
제자 삼을 수 있다. 사도 바울도 디모데에게 다음과 같이 말했다. "네가
많은 증인 앞에서 내게 들은 바를 충성된 사람들에게 부탁하라. 그들
이 또 다른 사람들을 가르칠 수 있으리라"(딤후 2:2). 여기에서 네 종류의
사람들이 등장한다. 1세대는 바울이고, 2세대는 디모데, 3세대는 충성
된 사람, 4세대는 또 다른 사람이다.

바울의 사역을 보면 비단 디모데 뿐 만 아니라 그와 동역했던 동역
자들이 한결 같이 재생산 사역을 한 것을 알 수 있다. 고린도에서 만난
바울의 동역자 부부인 브리스길라와 아굴라, 크레타 섬에서 제자 재생

산과 교회 세우는 사역을 했던 디도, 바울의 2차 선교 여행에서 한 팀으로 섬겼던 실라와 그외 동역자들과 제자가 제자를 낳고, 교회가 교회를 낳는 재생산 사역을 담당했던 것을 알 수 있다. [5]

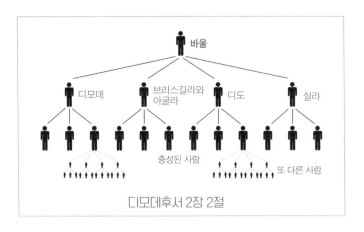

이 일은 능력의 문제가 아니고 순종의 문제이다. 왜냐하면 제자 훈련은 우리가 하는 것이 아니고 성령님이 하시는 일이기 때문이다. 우리는 다만 성령님이 하시는 일을 위해 준비하고 순종하면 된다.

4. 제자 재생산 훈련 과정

제자 훈련 과정은 둘로 나눌 수 있다. 첫 번째는 제자로서의 단기 훈

---

5 Nathan and Keri Shank, 「Four Fields」, p. 100.

련이고, 두 번째는 장기 훈련이다. 단기 훈련은 고기를 잡아서 직접 먹여주는 과정이라면 장기 훈련은 고기 잡는 법을 알려주어 영적으로 스스로 서는 법을 훈련하는 과정이다.

(1) 단기 훈련

그리스도인이라면 누구나 다 알아야 할 기본적인 내용들을 10과로 정리하여 매주 한 과씩 10주간 훈련하는 과정이다. 훈련 기간은 약 3개월 정도로 하며 훈련 내용이 너무 많거나 어려우면 훈련생이 그 내용을 숙지하여 다른 사람들을 훈련하는 것이 부담으로 다가올 수 있다. 그러므로 가능한 단순하게 훈련하며 말씀에 순종하는 것에 집중한다. 훈련생은 멘토의 본을 따르며 이 기간 동안에는 멘토의 리더십이 훈련생에게 큰 영향력을 미친다. 이 기간 동안 제자 훈련과 교회의 DNA를 심으며 하나님의 마음과 비전으로 기초를 다진다.

(2) 장기 훈련

장기 훈련은 고기 잡는 법을 배우는 과정이다. 스스로 영의 양식을 섭취할 수 있는 방법을 습득하고, 매일 말씀 속에서 하나님의 음성을 듣고, 말씀을 살아내고, 그 말씀을 전하고 가르치며, 또 다른 사람들이 그 말씀을 전하고 가르칠 수 있도록 훈련한다. 훈련기간은 1년에서 3년까지 갈 수 있다. 이 과정에서는 말씀이 삶의 모든 영역에서 주인이 될 수 있도록 한다.

훈련은 두 가지로 나누는데 하나는 성경 통독이다. 매일 하루에 3-4

장씩 그룹 원들과 같이 읽고, 읽은 말씀을 일주일에 한 번씩 나눈다. 다른 하나는 성경 책 별로 말씀을 읽고 하나님의 음성을 듣고 적용하며 다른 사람들과 나누는 작업을 한다. 본문 연구 방식으로는 SOS 방식의 연구 방식을 적용한다.[6] 리더십은 멘토와 훈련자 상호간 서로 영향력을 주고 받는다. 장기 훈련은 단기 훈련에서 쌓은 기초 위에 제자 훈련과 교회의 구조를 형성해 나간다.

단기 훈련	장기 훈련
3개월	1-3년
순종 훈련	예수 중심의 삶
영적인 우유 - DNA	단단한 음식 - 스스로 섭취
멘토에 의존	멘토와 상호 의존
기초 형성	구조 형성

5. 나눔의 예배

제자 재생산을 위한 훈련 모임은 T4T에서 제시하는 세번의 1/3 과정으로 구성된다. 전체 모임의 시간이 90분이라면, 30분씩 세 부분으로 나누어서 모임을 갖는다. 이를 약식으로 33 예배라 칭한다. 이 모임

---

6 S.O.S 방식은(Speak: 본문이 무엇을 말하나? Obey: 본문을 통해서 내게 주시는 하나님의 말씀은 무엇인가? Share: 무엇을 적용할 것이며 누구와 나눌 것인가?)

은 주로 소그룹 모임으로 시작하여 재생산하는 과정으로 연결한다.

(1) 첫 1/3(돌아보기: Looking Back)

1) 삶 나눔

모임에서 첫번째 하는 일은 삶을 나누는 일이다. 두가지 질문에 대한 대답을 하면서 지난 한 주 동안의 삶을 나눈다. 이때는 사역에 대한 이야기 보다는 개인적인 일들(가정, 직장, 학교 등)을 주로 나눈다. 삶 나눔은 마음을 여는 아이스브레이크 시간이기도 하지만 한편으로는 개인의 문제와 기도제목을 나누는 시간이기도 하다. 구성원이 많지 않으면 한 그룹으로 만들어 각자 나누도록 하지만, 구성원이 많으면 두세개의 작은 그룹으로 만들어 나눔의 시간을 가질 수 있다.

첫번째 질문: "지난 주 가장 좋았던 일은 무엇이었나요?"
두번째 질문: "지난 주 가장 힘들었던 일은 무엇이었나요?"
예배 인도자가 나눈 것들과 예배로 나아가는 기도를 한다.

2) 찬양

이 시간은 하나님께 찬양으로 예배하는 시간이다. 찬양 인도자 혹은 그룹 원 중 한명이 하나님의 성품, 하나님께서 하신 일, 하나님께 드리는 나의 고백과 관련된 찬양들을 세곡 정도 선정하여 함께 찬양한다. 찬양 후에는 그룹 원 중 한명이 하나님께 드리는 감사와 헌신의 기도로 마무리 한다. 소 모임으로 모여 예배할 때 악기가 있으면 좋지만 없어도 진정성 있는 마음으로 얼마든지 예배할 수 있다.

3) 비전 나눔

비전 나눔 시간에는 교회의 DNA인 제자를 낳는 제자, 교회를 낳는 교회와 관련된 하나님의 마음을 나눈다. 이 비전 나눔은 리더가 될 자들이 준비하여 나눈다. 예수님께서 복음서에 말씀하신, 하나님 나라에 대한 비유를 가지고 비전 캐스팅하면 매우 효과적이다(겨자씨의 비유, 밭에 감추인 보화 비유, 씨 뿌리는 자의 비유 등). 또한 일상에서 경험하거나 느꼈던 제자 재생산, 교회 재생산과 관련된 스토리를 나눌 수 있다. 시간을 길지 않아도 된다. 5분 이내면 충분하리라고 본다.

(2) 중간 1/3 (위를 보기: Looking Up)

1) 말씀 나눔

이 시간은 하나님의 말씀을 배우고 나누는 시간이다. 단기 훈련시(기초 훈련 10주)에는 주로 문답식으로 공부한다(구원의 확신, 침례, 하나님의 말씀인 성경, 경건의 시간, 기도 등).

단기 훈련이 끝나면, 장기 훈련으로 전환되는 데, 이때는 성경본문으로 말씀을 훈련한다. 책 별로 성경 본문을 직접 배우며, 그룹 원 각자가 본문에서 발견한 것들을 나누는 시간이다. 성경 본문을 읽고 나눌 때, SOS 방식을 사용하면 효과적이다. SOS에서 말하는 첫번째 S (Say)

는 "본문이 우리에게 말하는 것은 무엇인가?"(What does this passage say?) 라는 질문에 대한 답을 하는 것이다. 이때 본문에 나타난 하나님은 어떤 분인가 사람의 모습은 어떤 가라는 질문에 대한 답을 찾는다. SOS 의 두번째 O(Obey)는 "본문에서 말하는 것을 내가 어떻게 순종할 것인가?"(How can I obey what this passage says?)에 대한 대답이다. 이때 내가 순종할 것이 무엇인가를 찾고, 어떻게 적용할 것인가를 생각한다. 마지막 S(Share)는 "오늘 배운 것을 누구와 나눌 것인가?(Who do you want to share it with?)에 대한 대답이다. SOS 훈련은 늘 재생산을 염두에 두고, 전할 사람, 나눌 사람을 찾고 기도한다.

이 SOS 훈련은 최근 데이빗 왓슨이 사용했던 발견성경공부(DBS: Discovery Bible Study) 방식과도 비슷하다. DBS에서 사용하는 질문 역시 본문에 나타난 하나님의 모습, 사람의 모습, 그리고 어떻게 적용할 것인가, 누구에게 전할 것인가 등을 다룬다.

2) 연습

단기 훈련인 기초 훈련 10주 동안에는 배운 내용들을 그룹 원들 끼리 짝을 지어 배운 내용을 서로 가르치는 연습을 한다. 단기 훈련 이후 장기 훈련은 성경 본문을 다루는 훈련인데 본문을 통해 발견한 내용들을 서로 나누면서 서로 연습하는 시간을 갖는다. 훈련자는 간혹 연습하는 과정을 생략하기도 하는데 재생산을 위해서 연습하는 이 시간을 생략해서는 안된다.

(3) 마지막 1/3 (앞을 보기: Looking Forward)

이 단계에서 해야 하는 일은 성경을 공부한 것들을 추상적으로 이론으로만 생각하고 마무리 하지 말고, 다음 주 중에 어떻게 실천할지 구체적인 계획을 세우고 서로 나누며 함께 기도하는 것이다. 아무리 좋은 공부를 해도, 구체적인 실행계획을 세우지 않으면, 어떤 변화도 일어나지 않는다. 실행 계획을 반드시 세워야 한다. 일주일 동안 해야 할 일이기 때문에 거창하고 커다란 실행계획을 세울 필요는 없다. 실제로 할 수 있는 계획을 구체적으로 세워야 한다. 그러기 위해서는 적용하고자 하는 일이 무엇인지 적용할 사람이 누구인가를 적어야 하고, 실행하고자 하는 시간과 장소를 적어야 한다. 그 후에 이 일을 위해 함께 기도한다.

실행 계획 중 오이코스 맵은 전도 대상자의 이름을 적는 것이고, 제자 훈련(젠맵)은 제자 훈련을 위한 대상자와 훈련 시간을 정하는 것이다. 재생산(젠맵)은 제자 훈련한 자들이 또 다른 사람들을 재생산하는 3세대 제자 훈련으로 확장하도록 돕는 도표이다.

1) 실행 계획
- 지난 주 실행계획 실천 여부
- 전도(Call): 오이코스 맵
- 제자 훈련(Build): 젠 맵
- 재생산(Send): 젠 맵

▶누구를?

▶언제?

▶무엇을?

2) 파송 기도

　말씀 적용과 나눔 계획을 가지고 서로를 위해 기도하고 인도자의 마무리 기도로 마친다. 이때 마치 하나님께서 예수님을 보내듯이, 예수님께서 12 제자들과 72명의 제자들을 파송하듯이, 교회가 선교사를 파송하듯이, 뜨거운 마음을 가지고 함께 파송하는 기도를 한다.

과거	현재	미래
1. 삶 나눔 · 지난주 가장 좋았던 것 · 지난주 가장 힘들었던 것 2. 찬양 3. 비전 캐스팅	4. 말씀 나눔 창 5:21-24 · S: 본문이 말하는 핵심은? · O: 내가 순종해야 할 것은? · S: 적용할 수 있는 것, 나눌 사람? 5. 연습	6. 실행 계획 · 지난주 실행 계획 실천 여부 · 전도: 오이코스 맵 · 제자 훈련: 젠 맵 · 재생산: 젠 맵 누구에게? 언제? 무엇을? 7. 파송 기도

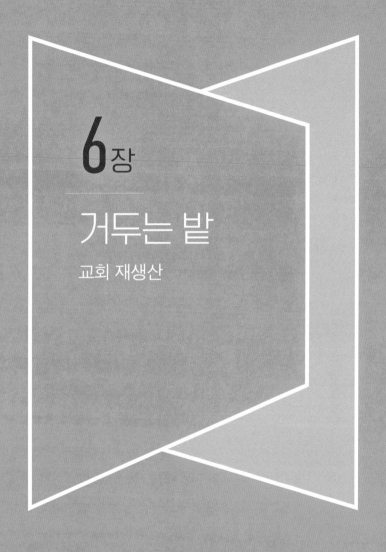

6장

거두는 밭

교회 재생산

예수님께서 자라나는 씨의 비유를 통해서 "그 다음에는 이삭에 충실한 곡식이라 열매가 익으면 곧 낫을 대나니 이는 추수 때가 이르렀음이라"(막 4:28-29)고 말씀하셨다. 네 단계의 밭 중에서 네 번째 단계는 열매가 익어 곡식이 되어 추수하는 단계이다. 농부는 익은 곡식들을 거두어 곳간에 넣어 둔다. 그래서 네 번째 단계의 밭을 거두는 밭이라 한다.

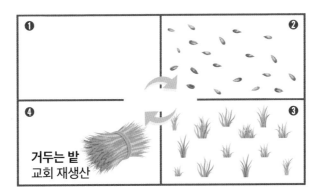

재생산 제자 훈련을 통해서 그룹이 형성이 되고 그 그룹이 성장하면서 열매를 맺게 된다. 그룹의 열매는 그룹으로 머물지 않고 예수님께

서 말씀하셨던 교회가 세워지며 제자 훈련의 열매를 맺는다.

예수님께서 사람들에게 복음을 전하고 제자들을 택하여 제자를 삼으라고 하신 이유는 그들로 하여금 예수님의 교회를 세우게 하기 위함이다. 예수님의 제자 사역의 열매는 교회다. 예수님은 교회를 세우는 일에 대하여 베드로에게 다음과 같이 말씀을 하셨다. "내가 이 반석 위에 내 교회를 세우리니 음부의 권세가 이기지 못하리라"(마 16:18).

사도 바울이 1, 2, 3차 선교 여행을 하면서 복음을 전했고 많은 제자들을 배출하였다. 사도 바울의 전도와 제자 사역의 열매는 무엇이었나? 사도행전의 역사를 보면 복음이 들어가는 곳에서는 반드시 교회가 세워진 것을 볼 수 있다. 즉, 그들의 제자 훈련 사역의 열매는 교회였다(엡 4:12).

복음을 듣고 회심한 자들이 그리스도의 제자로 자라나고 그들 가운데서 교회가 되고 그 교회는 또 다른 교회를 낳아서 교회의 연합을 이루게 된다. 교회 세움이 곧 제자 훈련 사역의 열매이다. 사과 나무의 열매는 사과이지만 우리가 바라는 사과나무의 열매는 또 한 그루의 사과나무를 낳는 것이다.

1. 교회의 본질

그리스도의 제자들로 이루어진 소그룹이 예수님의 몸된 교회로 세워지기 위해 다음과 같은 세 가지 사실들을 기억해야 한다.

(1) 믿는 자들의 모임

첫째, 교회는 건물이 아니고 믿는 자들의 모임이다. 건물이 필요 없다는 것이 아니다. 모임을 위한 건물이 절실히 필요하다. 그러나 건물은 교회의 모임을 위해 필요할 뿐이지 교회의 본질은 아니다. 왜냐하면 교회의 본질은 사람들이기 때문이다. 남침례 교단의 침례교 신앙과 메시지는 교회를 다음과 같이 설명한다. "주 예수 그리스도의 신약 교회는 복음 안에서의 교제와 언약으로 묶여진 침례받은 성도들의 자율적인 지역 모임입니다"[1]

(2) 교회의 특성이 나타나는 모임

둘째, 교회는 단지 사람들의 모임만이 아니고 교회가 가지고 있는 특성이 있는 데 이 특성이 나타나야 한다. 교회가 교회만이 가지는 특성이 없다면 아무리 믿는 자들의 모임이라 해도 교회라 할 수 없다. 교회의 특성은 사도행전과 복음서에서 찾아볼 수 있다. 침례교 신앙과 메시지는 교회에 대한 특성을 다음과 같이 덧붙인다. "그리스도께서 주신 두 가지 의식(침례와 주의 만찬)을 따르고 그분의 법에 의해 통치되며 말씀을 통해 주어진 은사, 권리, 특권을 사용하여 땅끝까지 복음을 전하기 원하는 성도들의 모임입니다."[2] 교회가 마땅히 나타내야 할 특성에 대해서는 이후에 자세하게 설명하겠다.

---

1 침례교 신앙과 메시지
2 Ibid.

(3) 언약의 모임

세째, 교회의 구성원들은 교회를 위한 헌신의 언약이 있어야 한다. 믿는 자들이 교회의 모임 안에 들어와 있다고 저절로 교회의 구성원이 되는 것은 아니다. 구성원 자신이 교회 앞에서 교회의 멤버로서의 헌신과 언약을 해야 한다. 침례교 신앙과 메시지는 다음과 같이 말한다. "각 회중은 민주적인 과정을 통해 그리스도의 주권 아래 운영됩니다. 이러한 회중 속에 있는 각 교인은 주인되신 그리스도에 대한 책임을 가지고 있습니다"[3]

2. 교회의 특성

소금은 짠맛을 가지고 있어야 소금이고 등불은 등경 위에서 빛을 비추어야 등불이다. 짠맛을 잃은 소금은 더이상 소금이 아니고 빛을 비추지 않는 등불도 더이상 등불이 아닌 것처럼 교회는 교회가 반드시 드러내야 할 특성이 있다. 이 특성이 없다면 교회가 아니다. 그렇다면 교회가 가지고 있어야 할 특성은 무엇인가? 교회가 어떤 특성들을 가지고 있는가에 대해서는 사도행전 2:36-47절, 사도행전 14:20-28절, 에베소서 4:11-12절에 열거되어 있다.

브라이언 샌더스는 교회를 "선교하는 예배 공동체"(Worshipping Community on Mission) 라고 정의하면서 삼위일체 하나님의 성품이 반영된 교회

---

3 Ibid.

의 주요한 세 가지 특성을 제시했다. 그 세 가지는 예배(Worship), 공동체(Community), 선교(Mission) 이다. 교회는 (1) 위로 "예배자 모임"이고, (2) 내적으로 "공동체 모임"이고, (3) 외적으로 "선교 모임"이다.[4] 이 세 가지가 교회의 가장 기본이 되는 주요 특성들이다.

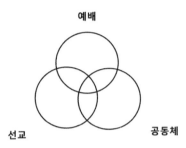

이 세 가지 주요 특성들 안에는 12가지 구체적인 특성들이 포함된다. 주요 특성들 중 (1) "예배자 모임" 안에는 찬양, 기도, 말씀, 의식(침례와 주의 만찬) 이 들어있고 (2) "공동체 모임" 안에는 교제, 멤버십, 리더십, 상호 책임이 들어있으며 (3) "선교 모임" 안에는 전도, 제자 양육, 헌금, 선교 활동 등이 내포되어 있다.

제자 양육은 공동체 모임의 영역에 들어갈 수 있지만 제자 양육의 목적이 자신의 성장만을 위하여 훈련하는 것이 아니고 잃어버린 영혼들을 구하기 위한 훈련이기 때문에 선교 모임의 영역에 두었다. 헌금역시 예배의 영역에 들어갈 수도 있지만 잃어버린 영혼들, 물질적 필요가 절실한 사람들, 전도와 선교를 위해 쓰여진다는 측면에서 선교 모임의 영역에 두었다. 그러나 이러한 구분은 교회에 따라 융통성있게 조

---

4 Brian Sanders, Microchurches, 「Underground Network」, 2019, p. 34.

정할 수 있다.

교회의 12가지 특성[5]

예배 자 모임	공동체 모임	선교 모임
위를 향함	안을 향함	밖을 향함
찬양	교제	전도
기도	멤버십	제자 양육
말씀	리더십	헌금
의식	상호 책임	선교 활동

3. 교회의 언약

제자 훈련 그룹은 33 예배와 개인별 제자 훈련이 계속되면서 서서히 성장하게 된다. 교회의 세 가지 본질은 믿는 자들의 모임, 교회의 특성을 갖는 모임, 믿는 자들의 언약의 모임으로 자라간다. 그 중 두 번째, 교회의 열두 가지 특성들이 서서히 갖추어지기 시작한다. 위의 그림에서는 12개의 특성 중 8개의 특성들이 나타나지만 아직 4개의 특성들은 나타나지 않았다. 이 단계는 아직 제자 훈련 소그룹의 형태이다. 그래서 이 모임은 점선의 원으로 표시되어 있다. 점선의 원은 교회로서의 언약을 의미한다. 이 그룹은 교회의 온전한 특성들이 모두 나타나지 않았기 때문에 교회로서의 언약도 이루어 지지 않았다. 12개의 특성이 나타나고 교인들의 언약이 이루어 지면 점선 대신 실선으로 표시한다.

---

5 IMB, Foundations v2, 2018, p. 2.

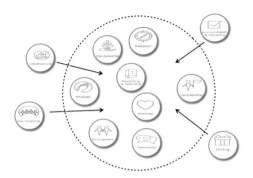

아래 그림에 나오는 그룹은 드디어 교회로서의 12가지 특성들이 모두 나타난 그룹이다. 믿는 자들이 모였고 교회의 특성들이 나타나는 건강한 그룹이 되었다. 그러나 아직 교회는 아니다.

이 그룹의 구성원들의 수는 위와 같이 참석하는 자들의 수는 모두 25명이고 그 중에 예수 그리스도를 구주와 주님으로 믿는 자들은 20명이며 그 중 침례를 받은 자들이 15명이다. 이들이 함께 모여서 이 그룹을 교회로 세우기로 하고 교회의 이름을 만들고 각자 교회의 구성원으

로의 책임과 의무를 다하기로 언약을 할 수 있다. 이 단계도 아직 교회
는 아니다.

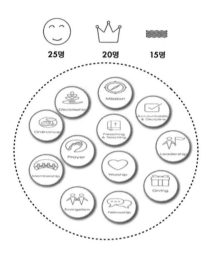

아래 그림과 같이 이 그룹의 구성원들이 같이 이 그룹을 교회로 세
우기로 하고 그룹 구성원들 각자는 자신의 책임과 의무를 다하기로 언
약을 한다면 점선으로 표시된 부분을 실선으로 표시할 수 있다. 그러
면 교회로 탄생하는 것이다. 선교지에서는 이와 같은 방식으로 일종의
가정 교회로 교회가 시작되지만 한국이나 미국 등 이미 교회의 문화가
자리잡고 있는 나라에서는 정부로부터 교회의 인정을 받기 위해서 교
단에 등록을 하고 정부 기관에 신고를 하여 허가를 받아야 한다. 하지
만 성경적인 교회는 정부나 교단 가입 전에 이미 성경적 교회로 존재
한다.

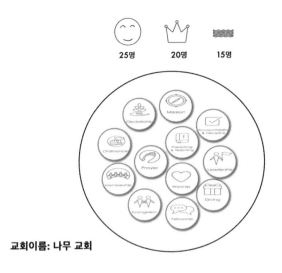

25명　　　20명　　　15명

교회이름: 나무 교회

4. 젠 맵(Gen Map)

　젠 맵은 소그룹 재생산 혹은 교회 재생산의 현황을 각 세대별로 파악하고 건강한 소그룹과 교회가 되도록 점검하고 기도하며 앞으로 또 다른 재생산을 계획하기 위한 도구이다. 현재 소그룹 제자 훈련으로 모이지만 아직 교회로 세워지지 않은 그룹은 점선의 원으로 표시되었고 12가지 특성과 언약이 이루어진 모임은 교회로서 실선으로 표시되었다. 각각의 그림에는 출석자 수, 믿는 자 수, 수침자 수가 나타나 있고 원 안에는 12가지 특성 중 실행하고 있는 것을 표시하며 그 옆에 그룹이 시작된 날짜를 기록하면 훨씬 도움이 될 것이다. 아래 도표를 보면 더 잘 이해될 수 있다.

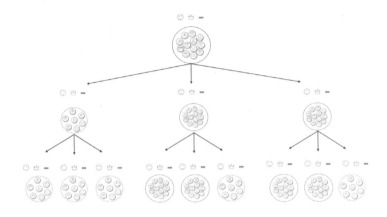

5. 거미 교회(Spider Church) 와 불가사리 교회(Starfish Church)

초대 교회 이후 크리스텐덤을 거쳐 포스트 크리스텐덤 시대를 겪고 있는 오늘날의 교회는 전통적 교회 개념으로부터 서서히 새로운 교회 개념으로 변화하고 있다. 전통적 혹은 제도적 교회가 보였던 건물 중심, 성직자 중심, 프로그램 중심의 조직체(Organization)적인 성격이 강했던 교회는 사람 중심, 평신도 중심, 유기체(Organism) 적인 교회의 모습으로 회귀하려는 운동이 일고 있다.

2020년부터 시작한 코비드19가 2021년 말에도 여전히 기승을 부리고 있는 현실에서 비대면 예배와 온라인 사역이 급격히 늘어나게 되었고 교회들은 이에 대한 대안을 찾으면서 조직체로서의 교회보다는 유기체적 교회로서 건물 중심의 모임보다는 가정이나 소그룹 모임, 혹은 온라인 모임으로 전환하지 않을 수 없게 되었다. 이제는 모든 모임들이 온라인과 오프라인을 통합해서 실속 있고 의미 있는 모임으로 전환하지 않으면 곧 소멸되어 버린다.

사실 이러한 현상은 코비드 19의 출현 이전부터 나타났었다. 포스트 모더니즘과 다원주의의 영향으로 중앙 집권적 조직체의 구조가 갖는 피라미드 식 상명하복의 구조 대신에 분권적 네트워크의 특성을 고취하는 유기체 구조로 전환되기 시작했다. 오리 브래프먼(Ori Brafman)은 그의 책 "불가사리와 거미"(Starfish and Spider)에서 머리가 잘리면 목숨을 잃는 거미와 다르게 다리가 잘려도 잘려진 다리가 다시 분화하여 새로운 개체로 성장하는 불가사리처럼 분화된 개체가 자생력을 얻어 새롭게 자라는 불가사리의 구조가 오늘날의 시대와 문화가 요구하는 조직 구조라고 강조한다.[6]

랜스 포드(Lance Ford)와 롭 웨그너(Rob Wegner)는 "불가사리와 거미"의 조직 구조를 활용하여 "불가사리와 성령"(Starfish and the Spirit) 이라는 책에서 무브먼트(Movement) 로서의 교회는 본래 불가사리의 구조였고 오늘날 이 구조가 다시 일어나야 함을 강조한다.[7]

---

6 오리 브래프먼, 「로드 백스트룸」, 김현숙, 김정수 옮김, 리더스북, 2009.
7 Nance Ford, Rob Wegner, Alan Hirch, 「The Starfish and The Spirit」, Exponential Resources, 2021, p. 1-11.

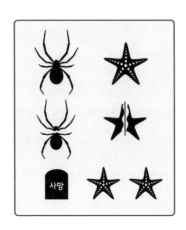

제자가 제자를 낳고 교회가 교회를 낳는 DNA를 가진 개체들이 불가사리처럼 끊임없이 분화하고 재생산하는 교회의 무브먼트가 일어나,이 땅에 하나님 나라를 이루는 하나님의 비전이 실현될 수 있다. 여기서 소개된 네 번째 단계의 "거두는 밭"은 재생산 교회를 의미한다. 제자를 재생산하듯이 교회도 교회를 재생산해야 한다. 에드 스태처는 새로운 교회가 시작되면 그 교회는 시작부터 또 다른 교회를 개척하고자 하는 비전과 목표를 가져야 한다고 강조한다. 3년이내 재생산되지 않는 교회는 앞으로 재생산할 가능성이 거의 없다고 보았다.[8] 필자는 무브먼트로서의 교회 개척과 교회 재활성화가 오늘날 교회가 취해야할 성경적, 본질적 대안임을 확신하여 이 운동에 동참하며 문화적 사회적으로 새로운 도전에 직면한 한국 교회에서도 이 운동이 작은 불꽃처럼 번져 나가길 기대한다.

---

8 에드 스태처, Ibid.

7장

교회
무브먼트의
네 단계

국제 선교부(imb)의 선교사로서 CPM의 주역들에 속했던 스티브 스미스(Steve Smith), 닐 밈스(Neil Mims), 그리고 마크 스티브(Mark Steve)는 교회 개척 사역을 하나의 운동으로 보았으며 교회 전체의 역사 속에서 이 운동이 어떻게 발현되었고 성장되었으며 절정에 도달했고 그리고 어떻게 소멸되게 되었는지를 설명하였다.[1]

1. 무브먼트의 네 단계

그들은 역사 속에서 존재했던 교회 무브먼트를 네 단계로 구분하였다. 첫째는 미전도 단계(Unreached Phase)이다. 둘째는 무브먼트의 단계(Movement Phase), 세째는 형식화 단계(Formalizing Phase), 네째는 제도화

---

1 Steve Smith, Neil Mims, Mark "Steve, Four Stages of a Movement, Mission Frontiers"(2015, 11-12월), https://www.missionfrontiers.org/issue/article/4-stages-of-a-movement, 2021년 10월 31일 열람

단계(Institutional Phase)이다. 첫째 단계에서 네 번째 단계로 흘러가는 과정은 각각의 교회에 따라 다르며, 적게는 몇 년, 몇 십 년, 길게는 몇백 년이 걸릴 수도 있다. 이 과정을 도식화하면 다음과 같이 표시할 수 있다.[2]

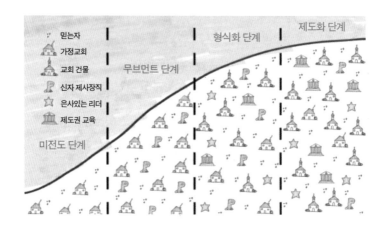

(1) 미전도 단계

복음이 들어가지 않은 지역, 들어갔다 해도 극히 희박한 지역이나 종족들에게 외부의 선교팀이 들어가서 시작하는 단계이다. 전도나 교회 개척은 외부에서 온 선교 팀들에 의해 이루어 진다. 아직 공식적 건물이 없는 상태이므로 가정, 사무실, 공공 장소 등에서 모인다. 비록 외부 선교사들에 의해 사역이 시작되지만 믿게 되는 자들은 모두 제사장으로서의 역할을 담당한다. 리더들의 멘토링을 통해서 또 다른 리더들이 세워진다. 이 단계에서의 사역의 특징은 단순성이다. 무브먼트는

---

2 Ibid.

단순성에서 나온다. 외부에서 온 자들의 개척자로서의 헌신적 리더십과 믿는 자들의 사역의 주인의식, 재생산할 수 있었던 단순한 제자 훈련과 말씀에 대한 순종이 무브먼트의 시작점이었다.

[2] 무브먼트 단계

이 단계에서 많은 제자들이 배가되고 교회의 수도 급격히 배가된다. 그 비결은 외부인들이 아니고 현지 믿는 자들이 하나님의 비전에 사로잡혀 그 지역과 민족을 향한 제자 양육과 교회 개척에 순종했기 때문이다. 믿는 자의 제사장 직분 정신이 살아나고 사역의 단순성은 성령의 역사로 말미암아 무브먼트를 촉발시켰다.

모임 장소는 여전히 비공식적인 공간이고 교회의 리더는 외부의 도움을 받지 않고 교회 자체적으로 세워지며 주변의 리더들과 교류하며 리더십 역량을 키워간다. 전도, 제자훈련, 교회 개척, 리더 개발도 외부의 선교팀에 의존하지 않고 현지인들이 직접 이끌어 간다. 성직자와 평신도의 구별 없이 모든 믿는 자들이 자발적으로 사역에 동참하기 때문에 사역이 역동적으로 일어나며 무브먼트가 극대화된다. 두 번째 단계, 무브먼트 단계에서 성장 곡선이 가장 가파르게 올라가는 것을 볼 수 있다.

[3] 형식화 단계

역시 이 단계에서도 믿는 자들의 수가 급증하면, 교회 개척이나 리더십 개발과 같은 사역들을 표준화하고 형식화하고자 할 필요가 생긴다. 리더들을 위한 신학교육의 필요성이 대두된다. 무브먼트를 유지하기 위하여 필요한 사역들을 정형화된 틀로 발전시키고자 한다. 십자가 첨탑과 함께 교회의 건물이 세워지면서 교회의 규모는 더욱 커지게 된다. 리더십 역시 형식화된 틀을 갖게 되고 체계를 갖춘 신학교들이 세워지게 되고 그 과정을 마친 자들에게는 자격증이 수여된다. 그 가운데 실력과 재능과 은사를 가진 리더들이 나타나게 되고 전도, 설교, 행정의 전문가들이 출현한다.

반면 평신도 리더십은 서서히 줄어들기 시작한다. 전문적인 교육과 훈련을 받지 못했기 때문에 평신도들이 사역의 현장에서 설 자리를 잃어간다. 전문 목회자들이 평신도들을 훈련하여 세우고자 하지만 성직자와 평신도의 구별이 더 심화된다. 그러면서 무브먼트의 동력은 서서히 떨어지고 있고 교회는 점차 역동성을 잃어간다.

(4) 제도화 단계

이제 무브먼트는 더욱 형식화 되면서 제도화의 단계로 전락하게 된다. 기존 교회가 여전히 전도를 하기 때문에 일정부분 성장을 하는 것 같지만 무브먼트는 정체 상태에서 벗어나지 못한다. 처음 교회를 시작했을 때의 역동성을 잃어간다. 건물로 상징되는 교회는 일정한 틀이나 형식을 만들어 놓게 되었고 건물이 아닌 가정에서 모이는 교회는 교회로 인정받을 수 없다. 그 가운데서도 어떤 교회들은 대형 교회가 되기도 하고 적지 않은 교인 수를 가진 교회들도 존재한다.

이 단계에서 특별한 은사와 재능이 있는 사역자들이 나타나고 신학교나 성경학교를 졸업해야 교회로부터 리더로 인정받을 수 있다. 평신도 리더들은 서서히 사라지고 믿는 자의 제사장 역할은 급격이 떨어지게 되고 힘이 있는 대형 교회들은 사회나 단체들에게 많은 영향력을 행사할 수 있다.

2. 오늘날에도 교회가 무브먼트를 일으킬 수 있나?

문제는 선교사들이나 개척자들은 외부에서 훈련 받고 파송 받은 사람들이므로 신학교나 단체에서 철저하게 훈련 받은 은사와 재능을 가진 사역의 전문인이다. 그리고 이들은 교회 사역에 대한 전형적인 그림을 가지고 현장에 간 사람들이다. 4단계의 제도화된 교회의 환경에서 훈련 받고 사역하고 파송 받은 자이므로 그들이 생각하는 사역자에 대한 자격, 제자의 자격, 리더의 자격, 교회의 구성요소(건물, 스탭, 프로그램, 장비) 들은 이미 4단계의 수준이다. 이들이 1단계(미전도 단계), 혹은 2단계(무브먼트) 에 들어가서 사역을 할 때에도 4단계에서 보았고 경험했던 목표를 가지고 사역을 시도한다면 무브먼트로서의 교회를 경험할 수 없을 것이다. 마찬가지로 1단계 혹은 2 단계의 현장에서 경험했던 것을 가지고 4단계의 교회 문화에 와서 목표를 세우고 사역하고자 할 때도 기존 교회의 벽에 부딪치게 될 것이다.

스티브 애디슨(Steve Addition)은 그의 책 "무브먼트의 발생과 소멸"(The Rise and Fall of Movemens) 에서 무브먼트의 과정을 다섯 단계로 소개한다. (1) 출생(Birth) (2) 성장(Growth) (3) 성숙(Maturity) (4) 쇠퇴(Decline) (5) 소멸(Decay).[3]

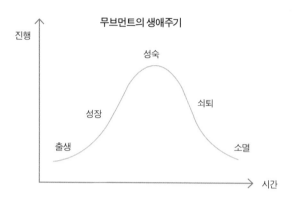

그러나 교회가 반드시 성숙에서 쇠퇴와 소멸로 가지 않을 수도 있다고 역설하면서 쇠퇴의 단계에서 재출생(Rebirth) 해야 한다고 강조한다. 마치 에스겔에서 나오는 마른 뼈들이 다시 살아나듯이 폐허가 되고 성벽조차 허물어진 예루살렘이 느헤미야를 통해 다시 개혁이 일어나듯이 교회가 다시 살아날 수 있다고 말한다. 그러기 위해서는 교회가 무브먼트의 역동성을 회복해야 한다.

아래 그림은 정체되어 있고, 점점 쇠퇴해 가는 교회는 기존의 형식화와 제도화에서 벗어나 2단계의 무브먼트의 동력을 회복할 수 있어야 한다. 무브먼트로의 회복은 단순한 개선이나 보완으로 이루어 지지 않는다. 뿌리로부터 완전히 새로워지지 않으면 안된다.

---

3 Steve Addition, 「The Rise and Fall of Movement」, 100MPublishing, 2019, p. 28.

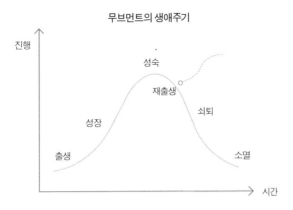

무브먼트의 생애주기

스티브 애디슨은 사역(Ministry)과 무브먼트(Movements)의 차이를 이렇게 설명한다. 사역은 누군가 다른 사람들이 자신을 도와 목표를 이루는 것이라면 무브먼트는 내가 누군가를 도와 그로 하여금 목표를 이루게 하는 것이다. 그러기 위해 말씀으로 돌아가고 성령으로 돌아가고 사명(Mission) 으로 돌아가야 함을 역설한다.

GB 미니스트리도 기존의 교회 수명을 약 80-90년으로 보고 생애 주기의 진행 과정을 다섯 개의 단계로 설명하면서 위의 곡선의 형태와 유사한 모습을 보여주고 있다. 성숙의 과정에서 정체 단계로 접어들 때 국면을 전환하는 변화(Turnaround) 를 가져올 수 있지만 그렇지 못하면 결국에는 소멸의 단계로 접어들면서 교회의 수명을 다하고 새로운 교회를 시작하는 패턴을 보여준다.[4]

---

4 https://gbjournal.org/first-steps-turnaround-part-1-recognize, 2021년 11월 1일 열람

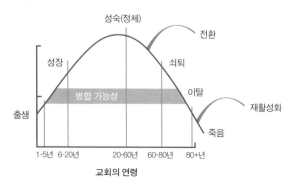

생애주기 시간표

교회의 연령

코비드 19가 시작되던 2020년, 북미에서는 그 전부터 계속 증가하던 교회가 멈추고 문 닫는 교회의 수는 급격히 증가하게 되었다. 30만 개의 교회 중에서 앞으로 18개월 이내에 6만 개의 교회들이 문을 닫게 될 것이라고 내다 보았고 실제로 그렇게 진행되고 있다. 한국의 경우도 마찬가지이다. 통계자료가 비교적 정확한 장로교단의 통계를 보면 코비드 19 기간 동안 100만명의 신자들이 교회를 떠났고 약 9,000개의 교회가 예배를 드리지 않고 문을 닫게 되었다는 것이다.

이런 위기 속에서 교회가 점점 쇠퇴하고 급기야 소멸하기 전에 무브먼트를 회복하여 다시 부흥의 길을 가게 될 수는 없는 것일까? 마른 뼈가 다시 살아나듯이 무너진 성벽이 다시 회복되듯이 우리의 교회도 다시 회복되기를 소망한다. 평신도들이 다시 일어나 비전과 사명을 회복하고 이 비전과 사명이 평신도들로 이루어진 풀뿌리 운동이 일어나고 중앙 집권적이 아니고 은사와 열정을 가진 자들의 자발적 역동성이 일어날 때 교회는 비로소 무브먼트의 동력을 찾게 되고 다시 부흥하며 예수님의 대 사명을 성취할 수 있을 것이다.

8장

리더
재생산

네 단계의 밭은 교회 재생산으로 마무리 되지만 교회 재생산이 성공적으로 이루어 지기 위해서 반드시 있어야 할 것이 있다면 그것은 바로 리더를 세우는 일이다. 교회 안에 성경적 리더가 세워지지 않으면 지금까지 자라온 소그룹 혹은 교회의 과정들이 모래 위에 세워진 집처럼 금방 무너질 수 있다.

소그룹 단계에서 교회가 세워지는 단계로 나아가게 되면 마땅히 그 교회를 이끌어 갈 리더가 정해져야 한다. 8장에서 말하는 리더십이란 새로운 교회를 이끌어갈 리더를 의미한다. 리더가 잘 세워져야 그 교회가 건강한 방향으로 가게 되고 또 다른 리더들이 재생산되어 모든 민족들과 땅끝까지 복음이 전파되고, 제자가 세워지고, 교회가 세워지는 일들이 계속해서 일어나게 된다.

아래 그림에서 보듯이 리더 재생산은 네 단계의 밭에서 핵심에 위치하고 있으며, 리더를 세우는 시기는 4단계가 지난 후가 아니라 1단계 예비하신 밭에서 시작되어야 한다. 그만큼 리더 세우는 것이 중요하며 단계 마다 세심한 훈련을 통해 리더가 배출된다.

예수님께서 제자들을 어떻게 세우실 때 하셨는지 예수님이 하신 방법을 보고 배울 수 있다. (1) 예수님은 먼저 사람들을 만나서 와 보라고 하시며 그들과 같이 시간을 보내셨다(요 1:35-51). 평범한 만남과 일상적 대화를 통해 사람들을 부르신다. (2) 예수님은 관계가 이루어진 사람들에게 좀더 깊은 요구를 하시면서 나를 따르라고 말씀하셨다(막 1:16-20, 눅 5:1-11). 여기서는 제자의 삶을 살아갈 때 지불해야할 대가와 희생까지도 무릅써야 한다는 것을 알려 주신다. (3) 마지막으로 예수님은 밤이 새도록 기도하시고 열 두 제자를 선발하셨다(눅 6:12-16, 막 3:13-19).

이처럼 한 리더가 세워지기까지 예수님은 처음부터 사람들을 리더로 키울 것을 알고 계셨으며 사람들과 좋은 관계를 맺고 훈련하면서 리더를 세우는 일을 더 열심히 하셨다는 것을 알 수 있다. 이 일을 두고 하나님께 기도하는 것은 참으로 중요하다. 우리도 예수님과 같이 그들에게 복음을 전하고 제자를 삼는 일을 잘 감당할 때 예수님의 제자로서 교회 세우는 일까지 잘 감당할 수 있다.

이런 과정을 거쳐갈 때 제자 재생산과 교회 재생산의 DNA를 삶 속에 새길 수 있고 그 비전을 캐스팅할 수 있는 리더가 될 수 있다. 교회는 다른 사람들이 자기를 도와 목표를 이루는 사역이 아니고 다른 사람들을 도와 그들이 목표를 달성할 수 있게 하는 곳이다.

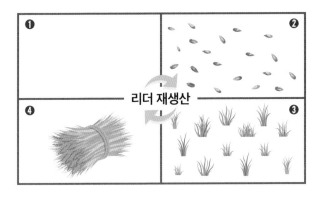

리더 재생산

1. 제자의 특성

그러면 어떻게 교회의 리더들을 세울 것인가? 이 리더들은 전도에서 출발하여 제자 훈련과 교회로 성장하기까지의 전반적 과정을 경험한 멤버여야 한다. 예수님께서 제자들을 선발하실 때 처음부터 제자들을 관찰하면서 그들의 순종을 보았듯이 리더 선발의 과정은 처음부터 기도하며 시작되어야 한다.

자라는 밭에서 제자에 대한 정의를 보았듯이 제자를 삼고자 하는 자는 먼저 주님의 제자가 되어야(be a disciple) 그 다음에 다른 사람들을 제자 삼을 수 있다(make disciples). 이와 마찬가지로 리더가 되기 위해서는 먼저 따르는 자(follower) 가 되어야 그 다음에 좋은 리더(leader) 가 될 수 있다. 5장 자라는 밭에서 제자란 네 가지 특성을 가진 자라고 하였다. 먼저 제자로서의 특성을 배우고 실천하는 순종하는 자여야 한다. (1) 하나님의 마음을 가진 자 (2) 주님을 따르는 자 (3) 사람 낚는 어부 (4) 재생산하는 자.

네 단계의 밭을 거치는 동안 복음으로 거듭난 한 사람의 역할이 서서히 발전되어 마침내 리더로 성장해 가야한다. (1) 처음에는 단지 팀의 비전과 전략을 배우는 자(Learner) (2) 주변의 잃어버린 영혼을 찾아 좋은 관계를 형성해 가는 탐색자(Explorer) (3) 복음 증거를 통해 제자 삼기를 시작하는 전도자(Evangelist) (4) 그룹을 만들어 훈련하는 훈련자(Trainer) (5) 마침내 교회를 인도하는 리더(Leader)의 역할을 감당하게 된다.

리더란 외부에서 온 실력자보다도, 내부에서 착실히 자라면서, 교회의 인정을 받은 자가 리더로 적합한 자라는 것을 말해 준다. 이 사람이 교회의 DNA, 교회의 비전, 교회의 전략을 가지고, 지속적으로 그 사명을 이어갈 수 있는 역할을 할 수 있다.

2. 리더의 특성

이러한 자격을 갖춘 자들이 교회의 리더로 세워질 수 있는데 신약성경에서 사도 바울이 말하는 리더의 자격을 살펴보면 다음과 같이 정리할 수 있다. 디도서 1:5-9, 디모데전서 3:1-7은 리더가 될 자들의 성품을 제시한다. 디도서가 말하는 리더의 특성은 새로 시작된 교회를 위한 리더의 자격이다(그레데 교회). 디도서에 나오는 그레데 교회는 아직 성숙하지 않은 교회이기 때문에 리더들 보다는 임명(Appoint) 하여 지속적으로 훈련하는 것이 바람직할 수 있다. 그러나 디모데전서에서 언급하는 리더의 자격은 교회가 시작된 지 어느 정도 시간이 지난 교회 즉 에베소교회이므로 이 교회는 성숙한 자들이 많이 있을 것으로 보인다. 그러므로 교회는 리더로 임명하여 훈련하기 보다는 리더의 자질을 갖춘 자들, 리더로 섬기기를 원하는 자(Aspire) 들을 리더로 세우는 것이 좋다. 아래의 도표를 통해 그레데교회와 에베소교회의 리더 자격을 비교해 놓았다.[1]

감독의 자질들	New Church(Appoint)	Mature Church(Appoint)
성품적인 면들	책망할 것이 없고	책망할 것이 없고
	한 아내에게 충실	한 아내에게 충실
	방탕하지 않고	존경할 만한
	불순종하지 않고	다투지 않고
	제 고집대로 하지 않고	
	급히 분내지 않고	관용하며
	술을 즐기지 않고	술을 즐기지 않고
	구타하지 않고	구타하지 않고
	더러운 이를 탐하지 않고	돈을 사랑하지 않고
	나그네를 대접하고	나그네를 대접하고
	선을 좋아하며	외인에게도 선한 증거를 얻은 자
	신중하며	신중하며
	의로우며	새로 입교하지 않은 자(교만하지 않도록)
	거룩하고	
	절제하며	절제하며
기술 혹은 능력	가르침을 그대로 지키는 자	말씀 가르치기를 잘 함
	믿는 자녀를 둔 자	자기 집을 잘 다스림, 자녀를 복종케 함
	한 아내에게 충실?	한 아내에게 충실?

---

1 The True Project, Compass (미간행물), p. 23.

3. 다섯 가지 레벨의 리더

    교회가 성령의 역사에 힘입어 한 교회의 지경을 넘어 교회 개척 사역이 지속적으로 확산되어 하나의 무브먼트로 전개된다면 이 과정에서 사도적 교회 개척자로서 리더의 역할은 새로운 단계로 옮겨갈 때마다 그 역할도 달라진다. 그 역할은 첫째 레벨에서부터 시작해서 다섯 번째 레벨까지 전개되며 각각의 레벨에 따라 리더십의 역할들이 변한다.[2]

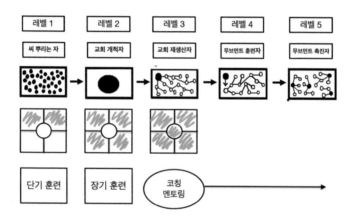

(1) 레벨 1

    레벨 1은 리더십의 첫째 수준이다. 이 수준은 씨 뿌리는 자 즉 (1) 사역 현장에 들어가서 복음을 전하는 자의 역할이다. 가족, 친구, 주변의

---

2 Steve Addition, 「The Rise and Fall of Movements」, 100Mpublishing, p. 194.

오이코스들에게 복음을 전하는 제자이다. (2) 복음을 전할 수 있는 단순하고 효과적인 도구를 활용할 수 있다(114 공부, 오이코스 전도, 1분 간증, 3원 전도, C2C 등). (3) 다른 사람들에게 전도의 본을 보인다.

(2) 레벨 2

레벨 2는 레벨 1을 인도하는 있는 리더이다. (1) 제자 삼는 방법과 교회를 개척하는 방법을 습득한 자이다(단기 훈련, 장기 훈련, 제자 재생산, 교회 재생산 훈련). (2) 복음을 전하기 위해 레벨 1 제자들을 훈련한다. (3) 제자 훈련 그룹이 교회로 세워질 수 있도록 훈련한다.

(3) 레벨 3

레벨 3는 레벨 2를 인도하는 리더이다. (1) 교회를 시작하여 4세대까지 교회를 재생산한다. (2) 레벨 1과 레벨 2를 훈련한다. (3) 건강한 교회가 되도록 하고 현지 리더들에게 권위를 이임한다.

(4) 레벨 4

레벨 4는 레벨 3을 인도하는 리더이다. (1) 새로운 교회를 개척하고 이 교회는 4세대까지 교회 재생산하여 교회 개척의 새로운 줄기를 형성한다. (2) 리더들 자신의 네트워크를 넘어 새로운 재생산의 비전을 캐스팅한다. (3) 재생산을 방해하는 요소들을 찾아 해결한다.

(5) 레벨 5

레벨 5는 레벨 4를 인도하는 리더이다. (1) 미전도 종족이나 지역들을 위한 교회 개척을 위한 여러 개 줄기(streams) 들을 확보한다. (2) 레벨 3과 레벨 4 리더들을 훈련하면서 교회 개척의 여러 개의 줄기들과 여러 세대들을 품고 사역할 수 있도록 돕는다. (3) 서로 네트워크를 만들고 자료를 나누고 비전 캐스팅을 주도한다. 위의 도표는 다섯 가지 레벨의 리더십을 도표 화하여 보여준다.

제자의 특성에서 말한 리더의 다섯 가지 역할과 지금 언급한 다섯 가지 레벨의 리더가 겉으로 보기에는 유사한 것 같지만 대상이 다르다. 제자의 특성에서 언급한 리더의 다섯 가지 역할은 내부자에서 시작하여 리더로 성장하는 과정이라면 다섯 가지 레벨의 리더는 외부자로서 리더의 역할을 말한 것이다. 외부로부터 온 사도적 교회 개척자는 내부에서 자란 제자를 리더로 세우고 그에게 사역을 이양하고 새로운 지역에서 다시 시작하거나 아니면 이미 세워진 리더들을 훈련하고 격려하고 파송하는 역할을 할 수도 있다. 외부의 사도적 교회 개척자만이 이런 일을 할 수 있는 것은 아니다. 내부에서 성정한 리더가 사도적 교회 개척자의 소명과 비전을 가지고 서로 사역의 파트너가 되어 교회의 무브먼트가 일어나는 것을 경험할 수 있다.

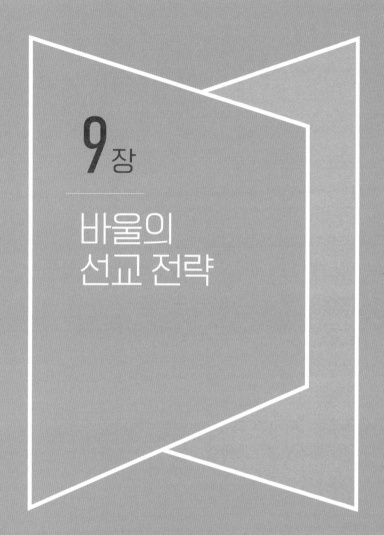

9장

바울의
선교 전략

사도 바울의 선교 전략은 사도적 교회 개척(Apostolic Church Planting)이었다. 사도적 교회란 복음이 들어가지 않은 지역, 복음을 받아들이지 않는 지역에 개척자의 자세로 그곳에 들어가서 복음을 전하고 제자를 훈련하고 교회를 세우는 사역이다. 다시 말해 믿지 않는 자들 속으로 들어가 그들 가운데서 교회를 세우는 개척 사역이다.[1] 바울은 "또 내가 그리스도의 이름을 부르는 곳에는 복음을 전하지 않기를 힘썼노니 이는 남의 터 위에 건축하지 아니하려 함이라"(롬 15:20). 복음이 전해지지 않는 곳에서 믿지 않는 자들을 대상으로 그들 속으로 들어가 교회를 개척하는 것이 사도적 교회 개척의 중요한 특징이다.

사도적 교회 개척과 비교되는 모델은 목회적 혹은 관리적 리더의 사역이라 할 수 있을 것이다. 에베소서 4장 11절에 는 목사와 교사의 역할도 교회를 세우는데 중요한 직책이다. 교회를 시작하는 개척자들이 유지하고 관리하는 차원에서 그친다면, 교회 개척의 역동성이 떨어질 수 있다. 그러나 성경적 리더라면 목사와 교사의 역할 뿐 아니라 사도

---

1 J. D. Payne, p. 14.

로서의 특성이 요구된다. 더우기 최근의 사역 현장에서는 더욱 사도적 개척자의 모습을 필요로 한다. 사도 바울의 사역은 사도적 교회의 개척 전형이었다.

지금까지 마가복음 4장 26-29절을 중심으로 한 교회 개척 전략을 리더 재생산을 포함한 다섯 단계로 살펴 보았다. 그렇다면 바울의 사도적 교회 개척 사역이 기록된 사도행전에서 이 다섯 단계의 과정이 어떻게 전개되고 있는지 살펴보고 어떤 특징이 있는지를 정리해 본다. 여기서는 사도 바울의 세 차례 선교 여행의 기록에 의거하여 고찰한다.

우선 독자 여러분들께서 세 차례의 선교 여행 본문을 읽은 후 주어진 질문에 대한 답을 찾아보기를 바란다.

1차 여행(행 13장, 14장)

2차 여행(행 15:39-18:22)

3차 여행(행 18:23-20:28)

첫 번째 과제는 다음의 네 가지 질문에 대해 답해 보는 것이다.

1. 바울은 어디로 갔나?

2. 그곳에서의 선교의 결과는 무엇이었나?

3. 그곳에서 얼마 동안 머물러 있었나?

4. 그곳을 떠난 이유는 무엇이었나?

두 번째 과제는 다음의 다섯 가지 질문에 대해 답한다.

1. 바울의 들어가기 전략(entry strategy) 은 무엇이었나?

2. 바울은 복음을 어떻게 전했나?

3. 첫 번째 제자가 세워지기까지 걸린 시간은 얼마인가?

4. 바울은 그곳에서 교회를 세웠나?

5. 리더들은 재생산 하였나?

여기서 발견한 내용과 비교하면서 사도 바울의 선교 여행을 통해 얻을 수 있는 12가지 교훈들을 정리해 보자. 바로 이 교훈들 혹은 특징들을 요약해 본다면 이것이 곧 교회 재생산의 DNA라고 말할 수 있다. 사도 바울이 한 사역은 분명 교회 재생산 사역이었고 그에 대한 값진 열매였다. 이 DNA를 다시 품고 주님께서 주신 사명을 완수하기를 기도한다. 다음은 12가지 교훈들이다.

1. 성령의 인도하심에 순종

사도 바울의 선교는 성령의 주도로 이루어 졌다. 바울의 선교 여정은 자신이 선교의 방향을 정하고 시작한 것이 아니었다. 그는 성령이 인도하시는 대로 순종하면서 따라갔던 것 뿐이었다. 롤런드 앨런도 바울의 선교에 대해서, "하나님이 문을 열어 주시는 대로 그분을 따라갔다" 라고 말했다. 바울은 성령이 원하시면, 그곳에 머물러 그들에게 전도했고, 센터를 설립했으며, 그곳을 복음의 중심지로 삼았던 것이다.[2] 교회를 세우는 과정에서 많은 고난과 박해를 당했지만, 그것도 하나님께서 허락한 것이었고, 그 고난과 박해를 통해 새로운 사역지로 확장되었다. 그는 새로 믿게 된 자들을 두고 떠나기도 하였지만, 바울의 떠남은 오히려 남아있는 자들에게 스스로 설 수 있는 기회를 주었던 것이다.

2. 여섯 개의 중요한 줄기(streams)

전술한 바와 같이 사도 바울의 선교의 여정은 성령께서 길을 열어주시는 대로 순종한 것에 대한 결과였다. 그럼에도 불구하고, 3차에 걸친 사도 바울의 선교 여정을 통해 볼 때, 그의 교회 개척은 전략적으로 중요한 지역적 단위로 이루어졌음을 알 수 있다.[3] 그의 사역은 하나의 줄기에만 집중되지 않았고, 여섯 개의 중요한 줄기들이 동시에 접촉되어 사역이 진행되어 갔다. 이 여섯 개의 줄기들은 구브로, 브르기아, 갈라디아, 마케도니아, 아가야, 아시아 등이었다.

3. 명백한 우선순위

사도 바울의 선교 여정에 있어서 가장 명백한 우선순위는 복음을 선

---

2 롤런드 앨런, 바울의 선교 vs. 우리의 선교, 홍병련 옮김, IVP, 2020, p. 42.
3 Ibid, 34

포하는 것이었다.[4] 그는 복음을 선포함으로 평화의 사람을 만나게 되고, 그들을 제자 훈련하고, 가정(house)의 환경 속에서 교회를 시작했고, 리더를 세워 그들에게 사역을 위임하고, 새로운 지역으로 옮겨가 교회 개척 사역을 다시 시작했다. 국제선교부에서는 이를 여섯 개의 선교사의 과업(The 6 Missionary Tasks) 이라고 명명했다: 들어가기(Entry), 전도(Evangelism), 제자 훈련(Discipleship), 교회 세우기(Forming churches), 리더 세우기(Leadership development), 떠나기(Exit)[5]. 이러한 우선순위에 입각한 사역의 패턴이 사도 바울의 선교 여정 속에 반복되어 나타났다.

4. 신속한 사역 위임

사도 바울은 그가 개척한 교회에서 그 교회를 위한 리더들을 세웠다. 리더를 세울 때는 오늘날의 교회와는 달리 보다 신속하게 그리고 보다 비공식적으로 세워졌다. 예를 들면, 바울이 갈라디아 교회를 세운 후, 다시 그 교회를 방문했을 때는 불과 몇 개월 되지 않았음에도 불구하고, 그곳에서 장로를 세웠다(행 14:21-23). 또한 고린도는 사도 바울이 가장 오래 머물던 도시 중 하였는데(행 18:11, 18개월), 바울은 그곳에서 누구에게도 침례를 준 적이 없다고 말한다(고전 1:10-14). 이는 바울이 제

---

4 Don Dent, The Ongoing Role of Apostles in Missions: The Forgotten Foundation, Westbow Press, 2019, p. 1851 (Kindle).
5 IMB, Foundations v2, (2018), p. 7.

자들에게 사역을 위임했다는 것을 보여주는 것이다. 바울은 사역의 처음부터 리더를 개발했고, 그들과 사역을 공유했다.

5. 교회 개척 사역

사도 바울이 복음을 전하고, 제자를 훈련하는 일을 했지만, 그 이유는 교회 개척이라는 보다 광범위한 사명을 성취하기 위함이었다.[6] 바울의 주된 사역은 복음이 증거되어, 구원받는 자가 생겨서 마침내 교회를 세우는 것이었다. 교회 개척은 바울 사역의 핵심이었다.[7] 바울 사역은 전도로 시작해서, 교회 세우기로 마무리되었다. 복음이 증거되면, 그 결과로 교회가 세워졌다. 에드 스테처는 이렇게 말한다. "그리스도인이 복음을 전한 곳은 어디서나 교회가 세워졌다는 사실을 잊어서는 안된다."[8]

6. 지상 대 사명에 대한 주인의식

예수님께서 제자들에게 주셨던 지상대사명은 지도자들 뿐 아니라

---

6 Don Dent, p. 2164 (Kindle).

7 Ibid.

8 에드 스테처, p. 551.

새로 믿게 된 새신자들에게도 해당되는 명령이다. 사도 바울이 데살로니가에서 약 3주간 머물렀음에도 불구하고(행 17:1-9), 그 짧은 기간 동안에 세워진 데살로니가 교회의 교인들에 대한 믿음의 소문이 각처에 퍼졌고, 마게도야와 아가야의 모든 믿는 자들의 본이 되었다고 기록하고 있다. 사도행전에서의 교회 교인들은 성직자와 평신도의 구분없이 지상명령에 대한 주인의식을 가지고 전도하고 제자 훈련하고 교회를 세워 나갔다. 에베소서 4장 1-16절에서 기록된 것과 같이 모든 교회가 사도적 역할을 담당하였고, 모든 그리스도인이 사역자로서 일했다.[9]

7. 믿는 자에게 즉각적 침례

예수님은 지상대사명에서 모든 민족을 제자 삼아 침례를 주라고 명령하셨다. 제자 삼으라는 명령은 믿는 자들에게 침례를 주라는 명령을 포함하는 것이다. 사도행전은 믿는 자들에게 즉각적으로 침례를 주었던 사례를 기록하고 있다. 사도 바울이 빌립보에서 복음을 전할 때, 루디아와 그 가족들이 즉각적으로 침례를 받았으며(행 16:13-15), 빌립보 감옥의 간수와 가족들도 믿은 후에 곧 침례를 받았다(행 16:33). 또한 고린도에서 회당장 그리스보와 온 가족과 많은 신자들이 침례를 받았다(행 18:8). 즉각적인 침례는 명령이며(행 28:19-20, 행 2:38), 성경의 모범이다.[10]

---

9 마이클 프로스트, 앨런 허쉬, 새로운 교회가 온다, 지성근 옮김, IVP, p. 2018, p. 308.
10 스티브 스미스, 잉카이, T4T, 요단출판사, 2012, p. 305.

8. 거점 지역 중심의 사역

사도 바울의 선교 여정에서 그가 교회를 개척한 큰 도시나 작은 도시들은 정치적으로나 상업적으로나 지리적으로 볼 때 모든 면에서 중심지에 속했던 곳이었다. 롤런드 앨런은 바울의 거점 지역 중심의 사역에 대해 네 가지로 정리하였다. 사도 바울이 교회를 설립한 장소들은 첫째, 로마 행정 구역상의 중심 도시였고, 둘째, 헬라 문명의 거점이었고, 셋째는 유대교의 영향력이 집결된 도시였고, 네째는, 대규모 무역의 요충지였다고 말한다.[11] 이러한 지역으로 가게 된 것은 성령님의 인도하심에 따른 결과였으며, 그 지역을 발걸음을 옮기게 된 이유는 그곳에서 사역을 마친다는 의미가 아니라, 그곳을 복음 사역의 본격적인 거점으로 삼아, 복음이 뻗어 나가는 원천이 될 수 있게 하려는 것이었다.

9. 동역자들과의 팀 사역

바울은 선교 여정에서 사역 팀을 조성했으며, 그의 사역 전략은 팀 사역이었다. 그는 각 지역 마다 귀한 일꾼들과 더불어 함께 일했다. 디모데, 브리스길라와 아굴라, 디도, 아볼로 등의 동역자들과 함께 일했다. 팀원들과의 동역이 이루어 지지 않았다면, 바울의 사역은 결코 확

---

11 롤런드 앨런, p. 40.

장되지 못했을 것이다.

바울은 자신의 팀 멤버들을 다음과 같이 묘사했다: "형제"(brother), "보냄 받은 자(sent one)", "종"(servant), "노예"(Slave), "동역자"(partner), "일꾼"(worker), "군사"(soldier), "갇힌 자"(prisoner).[12] 사도 바울과 선교팀들이 지역 교회를 세웠고, 그 지역 교회에 속한 바울의 동역자들은 그들의 사회 관계망을 통해서 믿음의 지경을 넓혀 나갔다. 이러한 사역은 안디옥, 에베소, 데살로니가 등에서 활발히 전개되었다.[13]

10. 떠난 후에 다시 돌아와 굳게 함

사도 바울은 교회를 세운 지역을 떠났어도 가능하면 다시 그 지역으로 돌아와서 제자들을 굳게 하고, 리더를 세우는 일을 했다. 그는 감옥에 갇히어 활동하기 어려워질 때까지, 한번 다녀 간 곳을 적어도 한번 이상 다시 방문하여, 교인들을 격려하고, 그들 중에서 리더를 세우고, 권면하는 일을 계속했다. 바울이 감옥에 갇혀 서로 만날 수 없을 때에도 그는 서신을 통해서 동역자들을 계속 격려하고 기도해 주었다.

---

12 Don Dent, p. 1820 (Kindle).
13 Ibid.

11. 끊임 없는 박해

사도 바울의 선교 여정을 보면, 그 가운데 빼 놓을 수 없는 하나의 분명한 특징은 바로 고난과 박해이다. 그리스도를 믿는 자들에게는 그리스도를 믿는다는 이유로 치루어야 대가가 있다. 그것은 예수님을 따르는 자에게 주어지는 십자가와 고난이다. 바울 뿐 아니라 그의 동역자들도 그리스도로 인한 고난과 박해를 경험해야 했지만, 그로 인해 성령님의 보살핌과 은혜도 동반되었다. 박해로 인해 바울과 그의 팀들은 다른 장소로 피해야 했고, 피한 곳에서 다시 복음을 증거하여 교회가 세워지게 되었다. 결과적으로, 박해와 고난으로 인해 그리스도의 복음은 더 진보되고 확장되었다.

12. 무브먼트로서의 교회

사도 바울이 사역한 기간이 불과 15년도 채 되지 않았는데 그는 약 2500만명의 인구가 있는 당시의 그 지역에서 예루살렘에서 일루리곤까지 복음을 다 전했다고 고백했다(롬 15:19). 사도 바울의 교회 개척은 짧은 시간 내에 무브먼트를 이루어 당시 아시아와 유럽에까지 복음이 편만하게 증거되고 교회가 세워지는 결과를 얻게 되었다. 이러한 무브먼트는 위에서 제시한 열한 가지의 특성과 더불어 일어난 것이었다. 전도와 제자 훈련 그리고 교회 개척이 무브먼트가 될 때 어떤 결과가 나타나는지를 살펴 보았다.

이러한 사역의 결과로 말미암아 사도 바울은 로마서 15장에서 다음과 같이 고백하고 있다. "그리하여 내가 예루살렘으로부터 두루 행하여 일루리곤까지 그리스도의 복음을 편만하게 전하였노라'"(롬 15:19, 새번역). "이제는 이 지방에 일할 곳이 없고"(롬 15:23) 라고 기록하였다.

오늘 우리의 사역도 땅에 심겨진 겨자 씨처럼 밀가루 반죽 속에 넣어진 누룩처럼 좋은 땅에 떨어진 씨앗처럼 큰 나무가 되고 전체를 부풀게 하고 30배, 60배, 100배의 결실을 맺는 무브먼트가 되길 소망한다. 비록 오늘의 현실이 코비드, 인본주의, 다원주의의 물결 속에서 교회가 힘을 잃고 지쳐가고 있지만 다시 복음으로 다시 성령으로 다시 재생산의 비전으로 돌아가서 이 땅에 그리스도의 계절이 다시 돌아오고 한라에서 백두까지 백두에서 열방으로 물이 바다를 덮음 같이 여호와의 영

광을 인정하는 것이 온 세상에 가득한 그날이 오기를 소망한다. 마침내 모든 민족, 나라, 백성, 방언에서 허다한 무리가 나와 보좌에 앉으신 우리 하나님께 주 예수께 우리의 면류관을 벗고 그 앞에 엎드려 찬양하는 그날을 본다.

10장

영적
전쟁

네 단계의 밭과 그와 관련된 주제들을 다 다루었다. 이 모든 것들이 다 준비되었다 해도 이 과업들을 수행하기 위해서 반드시 넘어야 할 산이 있다. 그것은 바로 영적 전쟁이다. 하나님께서 이스라엘 백성들에게 가나안 땅을 약속하셨고 모세와 여호수아를 통해 가나안으로 인도하셨지만 정작 그 땅을 차지하기 위해서는 그 땅에 거하는 가나안 족속들과 치열한 전쟁을 치뤄야 했다. 그와 마찬가지로 예수님께서 믿는 자들에게 모든 민족들을 제자 삼으라고 명령하셨고 세상 끝날까지 그들과 함께 하겠다고 하신 약속을 이루기 위해서 믿는 자들은 치열한 영적 전쟁을 겪어야 한다.

위에 제시한 교회 개척의 전략을 사역 현장에 그대로 실행했을 때 기대했던 결과가 그대로 나오지는 않을 것이다. 오히려 전에 했던 방식이 더 편하고 더 맞는 것이라고 생각할 수도 있다. 방법이 결과를 결정하지 않는다. 그러나 성경적인 방법대로 순종하는 것이 우리의 자세이다. 필자 역시 이러한 방법을 교회 개척 사역에 적용했을 때 재생산이 일어나고 교회 개척 운동이 일어나지 않았다. 그 전에 사용했던 전통적인 방식보다 더 힘들고 목표를 이루는 일이 아득하다. 그러나 제자를 삼고 제자 재생산 사역에 순종한다는 심정으로 실천했다. 지금도 어려움이 있고 헤쳐 나가야 할 장애가 많이 있다. 그럼에도 불구하고 마음에 평화가 있다. 주님의 말씀에 순종하려 한다는 자세가 있기 때문이다.

그런 점에도 이 사역의 현장은 영적 전투의 전쟁터라고 볼 수 있다. 영적 전투는 지혜로 힘으로 돈으로 싸우는 것이 아니고 기도와 말씀으로 싸우는 것이다. 기도와 말씀이 없이는 하나님의 사역은 절대 불가능하다. 과거 이민 교회에서 개척할 때 교회가 성장하지 못하고 정체되는 기간이 길어지자 마음이 초조해지고 답답한 느낌이 들기 시작했다. 이것 저것 따지지 않고 하루에 기도 3시간씩 하자고 다짐하면서 기도에 전념하기 시작했다. 나오는 사람도 없는데 새벽 기도를 시작했고 틈 나는 대로 무릎 꿇고 기도했다. 약 6개월이 지났을까 어느 날 아침 발을 씻기 위해 양말을 벗었는데 발등에 밤톨 만한 검은 점이 보이는 것이 아닌가! 저게 뭔가 유심히 살펴 보다가 그만 눈물이 핑 돌았다. 무릎 꿇고 기도하다 보니 발등에 멍이 들어 멍 자국이 시커멓게 변해 버린 것이었다.

T4T의 저자인 잉카이 선교사님의 간증을 들은 적이 있다. 중국에서 그 엄청난 교회 개척 운동이 일어났던 훈련은 그 선교사님의 능력도 방법도 아니었고 매일 새벽 성경에 손을 얹어 놓고 두 시간 씩 무릎 꿇고 기도했다고 하였다.

1. 전신 갑주

가나안 족속들과의 싸움은 칼과 방패로 하는 혈과 육의 전쟁이었지만 오늘 우리가 싸워야 할 전쟁은 마귀와 악한 영들과 더불어 말씀과 기도로 싸우는 영적 전쟁이다. 바울은 에베소서의 마지막 장에서 이렇게 말한다. "끝으로 너희가 주 안에서와 그 힘의 능력으로 강건하여 지고 마귀의 궤계를 능히 대적하기 위하여 하나님의 전신 갑주를 입으라"(엡 6:10-11). 하나님의 전신 갑주는 진리의 허리 띠, 의의 호심경, 평안의 복음의 신, 믿음의 방패, 구원의 투구, 성령의 검이다. 특별히 사도 바울은 성령 안에서의 모든 기도와 간구를 강조하였다(엡 6:18). 이와 더불어 바울은 에베소 교인들에게 담대히 복음을 전하기 위해 기도해 달라고 하면서 자신은 이 일을 위해 쇠사슬에 매인 사신이 되었다고 고백했다.

2. 말씀과 기도

위에서 열거한 여러가지 영적 무기들이 있는데 이 전신갑주들을 두 가지로 정리할 수 있다. 하나는 말씀이고 다른 하나는 기도이다. 이는 요한복음 15장이 강조하는 주 안에 거하는 삶인데 하나는 말씀 안에 거하는 것이고 기도하는 것이다(요 15:7). 그것이 바로 포도나무에 붙어 있는 삶이며 그럴 때 많은 열매를 맺게 된다.

성령의 검 곧 하나님의 말씀은 너무나 중요한 영적 무기이다. 믿지 않는 자들에게 복음 즉 하나님의 말씀이 들어갈 때 이 복음이 분명하고 확실하게 들어가야 한다. 왜냐하면 십자가와 부활의 복음 즉 하나님의 말씀은 모든 믿는 자에게 구원을 주는 하나님의 능력이기 때문이다(롬 1:16). 복음을 분명하고 확실하게 받게 되면 마음에서 솟아오르는 깊은 감사, 죄로부터 돌이키는 철저한 회개, 모든 것을 드려도 아깝지 않은 뜨거운 헌신이 일어난다. 이는 재생산 제자 훈련의 첫 번째 관문이다. 이 관문을 제대로 통과하지 않으면 주님께서 원하시는 제자가 될 수 없을 뿐 아니라 제자 재생산, 교회 재생산은 먼 나라 이야기로만 들리게 된다. 말씀은 너무나 중요하다.

우리는 바람을 이용해 앞으로 나아가는 범선에 불과하다. 범선은 바람이 불지 않으면 앞으로 나아갈 수 없다. 우리는 바람을 일으킬 수 없다. 우리의 말씀과 기도로도 성령 바람을 일으킬 수 없다. 성령은 임의로 분다(요 3:8). 그러나 우리가 말씀과 기도로 준비하고 있으면, 성령의 바람이 불 때 그 바람을 타고 전진할 수 있다.

우리는 파도를 타는 윈드 서퍼와 같다. 윈드 서퍼는 파도가 일어야 움직일 수 있다. 그때 서퍼는 그 파도를 타고 멋진 윈드 서핑을 즐길 수 있다. 그는 파도를 일으킬 수 없다. 그러나 윈드 서핑하는 방법을 익히고 있으면 파도가 일 때 파도를 탈 수 있다. 마찬가지로 우리도 파도를 일으킬 수 없다. 그러나 말씀과 기도로 준비하고 있으면 하나님께서 파도를 일으키실 때 그 파도를 탈 수 있다.

3. 고난과 핍박

이러한 영적 싸움의 절정에서 우리가 반드시 사용해야할 비장의 무기가 한 가지 더 있다. 그것은 무엇일까? 예수님 때문에, 복음 때문에, 제자 훈련 때문에, 교회 개척 때문에 내가 치러야 할 고난과 핍박이다.

주님께서 약속하신 귀한 일을 할 때 온 세상과 만물의 주인이신 전능하신 하신 하나님이 우리를 보호하시고, 지켜 주시고, 능력을 주신다. 그러나 하나님은 그와 더불어 우리로 하여금 고난과 핍박을 당할 때 그 고난과 핍박을 우리에게 허락하신다. 구태여 그 고난을 받아야 하고 핍박을 견뎌야 할까? 그 이유는 영적인 열매는 이 고난과 핍박이라는 거름을 먹을 때 열매를 맺기 때문이다. 예수님은 제자들에게 이렇게 말씀하셨다.

> "내가 진실로 진실로 너희에게 이르노니 한 알의 밀이 땅에 떨어져 죽지 아니하면 한 알 그대로 있고 죽으면 많은 열매를 맺느니라"(요 12:24)

예수님께서 말씀하시는 영적인 열매는 죽음을 통해 맺게 된다는 것이다. 죽음 없이는 열매를 맺을 수 없다고 하셨다. 그러기에 그 열매는 너무나 값지고 고귀하다. 예수님도 십자가의 희생을 치루셨을 때 부활의 열매를 맺으셨다. 찬송가의 가사처럼 "어두움 후에 빛이 오며 바람 분 후에 잔잔하고 소나기 후에 햇빛 나며 수고한 후에 쉼이 있다. 고생

한 후에 십자가 후에 영광 있고 죽음 온 후에 영생하니 이러한 도가 진리"이다.

사도 바울은 "환경의 위험" "이방인의 위험" "동족의 위험"(고후 11:22-30, 고전 4:9-16, 행 20:17-32)을 당하면서도 "내가 달려갈 길과 주 예수께 받은 사명 곧 하나님의 은혜의 복음을 증언하는 일을 마치려 함에는 나의 생명조차 조금도 귀한 것으로 여기지 아니하노라"(행 20:24)라고 고백한다.

그러면서 디모데에게 4세대 제자 재생산(바울 - 디모데 - 충성된 사람 - 또 다른 사람)을 권고하며 "너는 그리스도 예수의 좋은 병사로 나와 함께 고난을 받으라"(딤후 2:3)고 말한다. 제자 재생산은 좋은 군사가 되어 영적 전쟁을 싸워야 하는데 이 영적 전쟁에서 가지고 나가야 할 강력한 무기는 고난과 핍박이다. 이 고난과 핍박을 외면하지 말아야 한다. 그리고 마땅히 받아야 할 것으로 예상하며 그 고난과 핍박을 맞이해야 한다.

그러나 영적인 열매를 맺게 하는 고난과 핍박을 맞이하며 견뎌내는 믿는 자들을 향해 "내가 너희를 보냄이 양을 이리 가운데 보냄과 같도다" 라는 말씀처럼 아프고 힘들지만 고난과 핍박을 받아들이는 자에게 산상수훈의 말씀을 통해서 이런 소망의 약속을 주셨다.

> "의를 위하여 박해를 받은 자는 복이 있나니 천국이 저희 것임이라 나로 말미암아 너희를 욕하고 박해하고 거짓으로 너희를 거슬러 모든 악한 말을 할 때에는 너희에게 복이 있나니 기뻐하고 즐거워하라 하늘에서 너희의 상이 큼이라"(마 5:10-12)

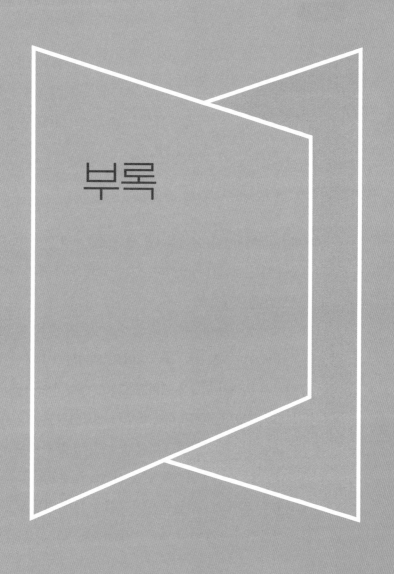

부록

3원 전도(Three Circles)

텔레비전이나 네이버, 페이스북을 열어보면 지금 우리가 사는 이 세상은 정상이 아닌 깨어진 세상이라는 것을 금방 알게 돼요. 질병, 고통, 죽음이 난무한 세상이지요.

반면에 이 세상에는 여전히 눈부신 석양이나 천진난만한 어린 아이의 웃음처럼 아름다운 모습도 남아 있어요. 왜냐하면 하나님이 디자인하신 이 세상의 본래의 모습은 깨어진 세상이 아니고 아름답고 완벽한 세상이었어요. 질병도 고통도 죽음도 없는 세상이었지요. 그러나 세상이 처음 창조되었을 때 사람들은 하나님이 디자인한 본래의 모습을 등지고 하나님을 떠나 자기 자신의 길을 선택하고 말았어요. 그것이 바로 죄예요. 죄의 결과로 사람들은 깨어진 삶을 살 수 밖에 없었어요. 우리 의사와 상관없이 우리는 이 깨어진 세상에서 태어나 살아가고 있는 거예요.

그런 점에서 우리 인생이란 이 깨어짐에서 벗어나려고 애쓰며 사는 과정이라고 볼 수 있어요. 어떤 사람들은 이 깨어진 인생에서 벗어나기 위해 학교에서 열심히 공부하고 직장에서 열심히 일해서 성공하면 된다고 생각해요. 어떤 사람들은 착한 일을 하거나 종교를 갖거나 교회에 나가거나 다른 사람들을 도와주는 일을 하면서 깨어진 상태에서 벗어나려 하지요. 또 어떤 사람들은 마약을 하거나 술을 마시거나 심지어 자살을 시도하기도 합니다. 아니면 인간관계를 통해서 이 깨어짐에서 벗어나려 해요. 하지만 이런 것들이 우리를 깨어진 상태에서 벗어나게 해 주지 못해요. 벗어나는 것 같지만 또 다시 깨어진 삶으로 다시 돌아와 있는 우리 자신을 발견하게 됩니다.

그러나 하나님은 우리를 너무나 사랑하세요. 하나님은 우리가 이 깨어진 상태 안에 머물러 있기를 원치 않으세요. 우리가 해결할 수 없는 이 문제를 하나님이 해결해 주셨어요. 하나님의 해결책은 오직 한 가지 길입니다. 그것이 바로 하나님의 아들이신 예수님입니다. 예수님이 이 세상에 오셔서 우리 죄를 대신 짊어지시고 십자가에 돌아가셨어요. 그리고 3일 만에 부활하셨어요.

이제 우리는 우리 방식대로 살지 말고 우리 삶을 예수님께 맡겨야 해요. 예수님이 이 땅에 오셔서 우리 죄를 위해 십자가 위에서 죽으시고 죽음에서 부활하신 것을 믿고 예수님을 우리의 왕으로 주인으로 모시면 우리 죄를 용서받게 되고 새로운 삶을 살수 있게 돼요. 그리고 하나님이 디자인하신 본래의 모습대로 살게 됩니다.

자 제가 한번 물어보겠습니다. 이 두 종류의 인생에서 당신은 지금 어디에 속한다고 생각하세요? 아직도 이 깨어진 삶 속에 살고 계신가요? 아니면 예수님께 돌아와서 죄를 회개하고 하나님이 디자인하신 본래의 삶을 살고 계신가요? 좋아요. 아직 이쪽에 계시다면 우리는 어디로 가야할까요? 물론이지요. 이쪽으로 가야해요. 지금 머물고 있는 이 길에서 나와서 예수님을 믿고, 예수님을 주인으로 모셔야 합니다.

네. 좋습니다. 예수님을 믿고 예수님을 나의 주인으로 모시는 것을 어떻게 하면 될까요? 이 그림 대로 기도하면 돼요.

"하나님, 저는 하나님을 떠나 죄 가운데 살았어요. 죄송해요.
내 인생을 내 맘대로 살면서 깨어진 삶을 살았고
내 힘으로 이 깨어진 상태에서 벗어나려 했지만 못했어요.
저는 오늘 내 길에서 돌아서서 예수님께 내 인생을 맡깁니다.
예수님을 나의 주인으로 모시겠습니다.
새로운 인생으로 변화시켜 주세요.
하나님이 디자인하신 본래의 삶으로 인도해 주세요."

이렇게 기도하면 돼요. 이렇게 기도해 보시겠어요?

고마워요. 이제 하나님께로 돌아와 하나님의 자녀가 된 것을 축하해요. 이 좋은 소식을 나만 알지 말고 가족들이나 친구, 아는 사람들에게 전해주어야 해요. 감사해요.

창조에서 그리스도까지(C2C)

제가 이야기 하나 해 드릴게요. 이 이야기는 세상 모든 사람들의 삶을 변화시켜 주는 이야기입니다.

1부 진정한 성경 이야기

이것은 사람이 만든 이야기가 아닙니다. 이 이야기는 가장 높으신 하나님의 말씀인 성경에 나오는 이야기입니다. 그래서 이 이야기는 사실이며 믿을 수 있습니다. 이 세상에는 오직 한 분, 하나님만 계십니다. 그 분은 가장 높으신 하나님이십니다. 가장 높으신 하나님은 어떤 사람 보다, 영 보다, 종교적 선생 보다, 정부 보다, 혹은 사람들이 섬기는 우상보다 더 능력 있으신 분이십니다.

2부 하나님과 교제하기 위해 창조됨

아무 것도 없었던 태초에 하나님이 존재하셨습니다. 하나님이 창조를 시작하셨을 때 말씀하시자 모든 것이 그대로 되었습니다. 그분은 땅과 하늘에 있는 모든 것들을 창조하셨습니다.

그분은 천사와 같이 눈에 보이지 않는 것들을 창조하셨습니다. 천사들은 하늘에서 하나님을 예배하고 하나님을 섬기기 위해 창조된 아름다운 영적 존재들이었습니다. 하나님은 또한 눈에 보이는 것들 해, 달, 별, 땅, 모든 식물과 동물들을 창조하셨습니다. 마지막으로 하나님은 자기의 형상을 따라 남자와 여자를 창조하셨습니다. 하나님은 모든 것을 창조하시고 보시기에 좋았다고 말씀하셨습니다.

하나님은 남자와 여자를 아름다운 동산에 살도록 하셨습니다. 그들은 매일 하나님과 동행하며 하나님과 그리고 서로에게 매우 좋은 관계를 가졌습니다. 하나님은 그들에게 동산을 돌보고 그 안에 있는 모든 것들을 누리라고 하셨습니다. 하나님은 그들에게 특별한 명령을 주셨고 이렇게 말씀하셨습니다. "동산 각종 나무의 열매는 네가 임의로 먹되 동산 중앙에 있는 나무의 열매는 먹지 말라. 네가 먹는 날에는 반드시 죽으리라." 남자와 여자는 하나님과 그리고 서로에게 완벽한 관계를 갖고 있었습니다. 하나님은 우리를 하나님과 그리고 서로에게 이런 관계를 가지며 살도록 창조하셨습니다.

3부 하나님으로부터 분리된 인간

남자와 여자는 하나님과 그리고 서로에게 너무나 좋은 관계를 갖고 있었습니다. 하나님이 창조하셨던 천사들을 기억하십니까? 그 천사들 중 하나가 매우 교만해졌습니다. 그는 하나님처럼 되기를 원했고 다른 천사들이 하나님 대신에 자신을 경배하도록 하고 싶었습니다. 그러나 경배받으실 분은 오직 하나님 한 분뿐이십니다. 그러므로 하나님은 불순종한 천사를 하늘에서 쫓아 내셨습니다. 그 천사를 사단이라고 말합니다. 하나님은 사단을 따르던 다른 천사들 즉 귀신 혹은 악령들도 하늘에서 쫓아내셨습니다.

어느 날, 사단은 여자를 유혹하여 금지된 나무의 열매를 먹으라고 했습니다. 사단은 여자에게 물었습니다. 하나님이 참으로 너희에게 동산 모든 나무의 열매를 먹지 말라고 했니? 여자가 이렇게 말했습니다. 아니, 모든 나무의 열매를 먹을 수 있으나 동산 중앙에 있는 열매를 먹지 말라고 하셨어. 만일 그 나무의 열매를 먹으면 우리는 죽을 것이라고 하셨어. 그러나 사단은 여자에게 죽지 않을 것이라고 말했습니다. 대신에 너는 하나님처럼 될 것이라고 했습니다. 여자는 사단의 말을 듣고 그 열매를 먹었습니다. 그리고 그것을 남편에게 주었고 그도 그것을 먹었습니다. 그날, 두 사람 모두 죄를 지었습니다. 하나님의 명령에 불순종하는 것이 죄입니다. 하나님은 의로우시고 거룩하십니다. 우리가 하나님께 불순종했을 때 그는 우리를 벌하셔야 합니다. 그래서 하나님은 남자와 여자를 동산 바깥으로 쫓아내셨고 하나님과 그들과의 관계도 영원히 깨어졌습니다. 그 남자와 여자와 같이 우리 모두도 죄를 범했습니다. 하나님과 우리와의 관계도 깨어졌고 죄의 결과로 우리가 죽은 후에는 지옥에서 영원한 형벌을 받게 됩니다. 우리는 하나님께서 계획하셨던 하나님과의 영원한 삶을 살 수 없게 되었습니다. 어떻게 해야할까요?

4부 하나님께 돌아올 수 없는 인간

시간이 지남에 따라 땅 위에 사람들의 숫자가 늘어났습니다. 사람들 모두 죄를 지었지만 하나님은 여전히 그들을 매우 사랑하셨고 그들이 하나님과의 관계를 다시 회복하기를 원하셨습니다. 하나님은 하나님의 종들 중 한 사람을 통하여 그들에게 십계명을 주셨습니다. 하나님은 완벽하시고 거룩하신 분이심을 기억하시기 바랍니다. 그래서 우리도 그분과 함께 살기 위해서는 완벽하고 거룩해야 합니다. 십계명은 하나님과 사람들 사이에서 어떻게 올바른 관계를 가지며 사는지를 가르쳐 줍니다. 십계명 중에는 이런 것들이 있습니다. 다른 신들을 섬기지 말라. 우상을 만들지 말라. 너의 부모를 공경하라, 거짓말하지 말라. 도둑질하지 말라. 살인하지 말라. 다른 사람의 소유를 탐내지 말라. 간음하지 말라 등입니다.

그렇지만 그 누구도 이 모든 계명들을 순종할 수 없었습니다. 그들이 매번 죄를 지을 때마다 하나님은 그들의 죄를 회개하도록 했고 그들의 죄값을 대신하는 희생제물을 바치라고 하셨습니다. 이 희생 제물은 순전한 동물의 피를 뿌리는 것이었습니다. 그들이 희생제물을 바칠 때 하나님께 용서를 구하고 그들을 대신하여 동물을 죽게 하는 것입니다. 오직 피 흘림을 통해서만 인간의 죄가 용서될 수 있습니다.

그러나 인간은 계속해서 죄를 지었습니다. 그들은 자신들의 죄에 대해 죄송한 마음을 갖지 않았습니다. 반면 그들의 희생 제사도 공허한 의식이 되 버렸습니다. 하나님은 '너희들의 공허한 희생 제사에 지쳤다'고 말씀하셨습니다. 계명을 지키는 것이나 동물의 희생을 통해서 사람들은 자신들의 힘으로 하나님께 돌아갈 수 없다는 사실을 깨닫게 되었습니다. 그러면 어떻게 해야할까요?

5부 이 땅에 오신 예수님

하나님은 여전히 세상 사람들을 너무나 사랑하셨습니다. 바로 그 때, 하나님은 예수님을 보내서서 사람들이 하나님과의 관계를 회복할 수 있는 방법을 보여주셨습니다.

예수님은 누구십니까?
(1) 예수님은 하나님의 하나뿐인 외아들입니다.
(2) 예수님은 참 좋은 선생님이셨습니다.
(3) 예수님은 또한 기적의 능력을 행하신 분이셨습니다.

어느 날, 많은 사람들이 예수님께 와서 하루 종일 예수님의 말씀을 들었습니다. 사람들이 배가 고팠기 때문에 예수님은 빵 다섯 개와 물고기 두 마리를 가지고 축복하시고 사람들에게 나누어 주기 시작했습니다. 그날에 오 천명 이상의 사람들이 배불리 먹을 수 있었습니다. 예수님의 능력은 사람들의 필요를 채워줄 수 있습니다.

한 번은, 예수님이 제자들과 함께 큰 호수를 배를 타고 건너가고 있었습니다. 예수님이 주무시는 동안 갑자기 큰 광풍이 불어왔습니다. 예수님의 제자들은 예수님을 깨우면서 '선생님, 우리가 죽게 되었어요'라고 말했습니다. 예수님은 일어나셔서 바람과 물결을 향해 말씀하셨습니다. '잠잠하라! 멈추어라!' 바람과 파도가 즉시 잠잠해졌습니다. 예수님의 능력은 자연의 세계보다 더 크십니다.

예수님이 호수 건너편에 도착하셨을 때 무덤 가운데서 사는 험악한 사람을 만났습니다. 그는 많은 귀신들이 들려있는 매우 위험한 사람이었습니다. 예수님은 그 사람을 보시고 그 사람조차도 사랑하셨습니다. 예수님은 귀신들에게 명하셨습니다. "나가거라!" 귀신들이 즉시 떠났습니다. 그 사람은 정신이 온전해 졌습니다. 예수님의 능력은 모든 악한 영들보다 더 크신 분이십니다.

어느 날, 예수님의 친한 친구가 병들어 죽게 되었습니다. 며칠 뒤에 예수님이 그 친구의 집에 도착했습니다. 예수님이 그의 친구가 묻혀있는 것을 보시고 우시기 시작했습니다. 예수님은 무덤 앞으로 가서서 말씀하셨습니다. "친구여, 나오게나". 그의 친구는 무덤에서 걸어 나왔습니다. 살아났습니다! 예수님의 능력은 죽음보다 크십니다.

예수님이 이 모든 것들을 행하신 이유는 우리를 사랑하시고, 우리가 하나님께 다시 돌아가기를 원하시기 때문입니다.

6부 완벽한 희생 제물 이신 예수님

예수님은 하나님의 아들이시고, 참 좋은 선생님이셨고, 기적의 능력을 행하신 분이셨습니다. 이 세상의 모든 사람들과는 달리 오직 예수님만이 죄가 없으신 분이셨습니다. 죄값을 치르지 않아도 되는 유일한 분이십니다.

많은 사람들이 예수님을 사랑했습니다. 그러나 어떤 종교 지도자들은 예수님을 시기했습니다. 그들은 예수님을 붙잡아 법정에 세우고 그분을 죽이기로 결정했습니다. 그들은 예수님을 큰 십자가에 매달고 예수님의 손과 발에 못을 박았습니다. 예수님이 십자가에 달리셨을 때 예수님의 보배로운 피가 땅으로 흘러 내렸습니다. 예수님은 이렇게 외치셨습니다, "다 이루었다!" 예수님은 완벽한 최종적인 희생제물이 되셨습니다. 하나님께서 우리를 사랑하셔서 우리를 대신해서 예수님을 십자가에서 죽게 하셨습니다. 예수님은 우리 모든 죄값을 대신 짊어지셨습니다. 오직 피 흘림을 통해서만 우리의 죄가 용서됩니다. 예수님이 우리 대신 죄 값을 대신 지불해 주었습니다.

그날 예수님께서 돌아가신 후에 그분의 한 친구가 예수님의 시신을 안전한 무덤에 모셔 놓았습니다. 그러나 이 이야기는 여기서 끝나는 것이 아닙니다. 사흘 뒤에 예수님은 죽음에서 부활하셨고 여러 날 동안 그가 살아나셨다는 것을 사람들에게 보여주셨습니다. 예수님은 하나님의 아들이심을 입증하셨습니다. 그 후에 예수님은 하늘의 아버지께로 다시 가셨습니다.

예수님은 우리 대신 벌을 받으셨고 이제 하나님께로 나아갈 길을 마련해 주셨습니다. 오직 예수님만이 우리가 하나님께 나아갈 수 있는 길을 보여주십니다.

7부 방황하는 아들

예수님이 이 땅에 계셨을 때 한 이야기를 해 주셨습니다. 둘째 아들이 그의 아버지에게 와서 '아버지, 제게 돌아올 유산을 주세요' 하고 말했습니다. 둘째 아들은 먼 나라로 가서 가진 돈을 전부를 탕진하고 말았습니다. 모든 것을 탕진하고 난 뒤에 가장 하찮은 일인 돼지 키우는 일을 하게 되었습니다.

어느 날, 그가 정신을 차렸을 때 이렇게 생각했습니다. "내 아버지에게는 양식이 풍족한 일꾼이 얼마나 많은가. 나는 여기서 주려 죽는구나! 내가 일어나 아버지께로 가서, 이렇게 말하리라. 아버지, 내가 하늘과 아버지께 죄를 지었사오니 지금부터는 아버지의 아들이라 일컬음을 감당하지 못하겠나이다. 나를 품꾼의 하나로 보소서"

그는 일어나 그의 아버지에게로 갔습니다. 아직도 먼 거리에 있는

데 아버지가 그를 보고 측은히 여기셨습니다. 아버지는 아들에게 달려가서 그를 껴안고 입을 맞추었습니다. 아들이 아버지에게 말하기를 "아버지, 내가 하늘과 아버지에게 죄를 지었 사오니 지금부터는 아버지의 아들이라 일컬음을 감당하지 못하겠나 이다."

그러나 아버지는 그의 종들에게 말하기를 "어서 가서 제일 좋은 옷을 가져다가 입히고 손에 반지를 끼우고 발에 신을 신겨라. 그리고 살진 송아지를 끌어다가 잡으라. 우리가 먹고 즐기자. 내 아들을 잃었다가 다시 찾았 노라"

8부 하나님께 돌아가는 방법

우리 모두는 둘째 아들과 같습니다. 죄를 짓고 아버지 하나님을 떠났습니다. 그러나 그 아들과 같이 하나님께로 돌아갈 수 있습니다. 우리 모두는 우리 죄에 대한 용서를 구하고 하나님께 돌아가서 그분의 자녀로 살아야 합니다. 예수님은 이렇게 말씀하셨습니다.

"내가 곧 길이요 진리요 생명이니 나로 말미암지 않고는 아버지께로 올 자가 없느니라"(요 14:6)

예수님을 통해 하나님께로 나아가지 않으시겠습니까? 예수님만이 우리를 하나님께로 인도해 주실 수 있습니다. 하나님께 다시 돌아가기

위해서,

(1) 당신이 하나님 앞에서 죄인이라는 사실을 인정해야 합니다.

(2) 예수님께서 당신의 죄값을 대신 받으셔서 죽으셨고 하나님의 용서를 받게 하셨다는 사실을 믿어야 합니다.

(3) 예수님 만이 당신을 하나님께로 인도하여 영원한 하나님의 자녀로 살게 하신다는 사실을 믿어야 합니다.

(4) 이제부터 당신은 예수님을 당신의 새로운 주인으로 모시고 그분께 순종해야 합니다. 성경은 말합니다. "하나님이 세상을 이처럼 사랑하사 독생자를 주셨으니 이는 저를 믿는 자 마다 멸망치 않고 영생을 얻게 하려 하심이라."(요 3:16)

당신은 이제 아버지께로 돌아간 작은 아들과 같이 이렇게 말함으로써 하나님께로 나아갈 수 있습니다.

(1) 하나님, 하나님이 저를 사랑하는 것을 압니다. 저는 하나님 앞에서 죄를 지었습니다. 죄송합니다.

(2) 예수님이 저의 죄값을 치루기 위해 완벽한 제물이 되신 것을 믿습니다. 하나님, 저를 용서해 주십시오.

(3) 이제부터, 기쁨으로 예수님을 나의 주인으로 모시고 순종하겠습니다. 하나님의 자녀로서 새롭고 영원한 생명을 주신 것을 감사드립니다.

지금 이렇게 하나님께 기도해 보세요.

만일 당신이 진심으로 하나님께 기도했다면 이제 당신은 하나님의 자녀가 된 것입니다. 하나님은 당신이 하나님의 자녀가 되었다는 사실을 다른 사람들에게도 알리기를 원하십니다. 하나님의 계획은 당신 혼자만 하나님께로 돌아가는 것이 아닙니다. 당신을 통해 당신의 가족과 친구들도 하나님께 돌아와서 하나님과의 관계와 사람들과의 관계도 회복되기를 원하십니다. 이 이야기를 들어야 할 사람들이 누구인지 아시지요?

교회 개척 마스터 플랜

End-vision	마포구와 서대문구에 있는 모든 영혼들이 복음을 보고/듣게 되고, 믿는 자들은 재생산하는 제자가 되어 또 다른 교회를 세우고, 지역 사회와 모든 열방에 하나님 나라를 세우는 제자가 된다 (마포, 서대문구, 강남 20/30재생산하는 제자, 재생산하는 교회) : "함께 자라고 함께 나누는 교회" (마 13:31-33)			
Core-Values	• 함께 (Team) • 과정 (Process) • 사랑 (Love) • 진정성 (Integrity/Authenticity)			
Mission	• 위로 하나님을 예배 (예배) • 안으로 공동체 세움 (공동체) • 밖으로 선교 (선교)			
Pre-Entry	1. 소명: 한국의 20-30대, 잃어버린 영혼들을 주께 인도하여, 그리스도의 제자가 되게 하는 일, 그들이 교회를 세우고, 리더가 되게 하는 일	2. 나의 자산: 1) 은사: 가르침, 설교 2) 열정: 청년, 새로운 일 도전, 사람 키우는 일 3) 스토리(경험): 이민 교회 개척, 몽골인 선교 사역, 중국인 선교 사역	3. 타겟 지역/민족: 1) 지역 연구: 마포, 신촌, 강남 2) 계층 세분화: 대학/대학원생, 청년 직장인, 창업자, 취준생, 외국 유학생, 외국인 직장인, 노동자, 탈북민, 난민 3) 초점 그룹: 대학, 취준, 직장, 창업자들	4. 플랫폼 개발 1) 라이프 코칭, 커리어 코칭 2) 언어 교환 프로그램 3) 캠퍼스 소그룹 봉사
	5. 기도 후원자: 1) 50명 확보 2) 뉴스레터 발송(매 2개월) 3) 재정후원 가능성	6. 개인 영적 형성 계획 1) 말씀 • QT: 매일성경, • 성경통독: 드라마 성경 • 독서: 청년문화 • 교회개척 네트웍 교류 2) 기도 • 매일 한시간	7. 창립팀 구성 1) 창립일: 2022년 4월 4일 2) 창립일까지 20명 목표 3) 준비 기간 약 12-18개월 4) 현재 전도/제자 훈련 소그룹 5) 느헤미아 프로젝트 6) 후원 교회 지원자 (타교회) 7) 신학교 학생 중 자원자 8) 외부에서 이주한 믿는 자 9) 미래 교회 개척자	

	- 소요 기간: 12-18개월 (Entry 전까지 8개월 - 12개월): 2021년 3월부터 기도하며 마포 나무 교회 개척 준비 시작			
	- 소그룹 모임: 2021년 9월 26일 첫 소그룹 모임 시작 (온라인 줌 예배/제자 훈련) - 성경 통독 시작, 오이코스 맵 작성			
	- 창립팀/플랫폼 개발은 시작하지만, 1단계와 겹쳐서 진행한다.			
	- 2022년 4월 4일 창립 예배 목표			
4F단계 **(전략)**	1. 재생산 들어가기 2. 재생산 전도	3. 재생산 제자	4. 재생산 교회	5. 재생산 리더
소요 기간	8개월 2021년 9월부터 계속	단기: 10 주 장기: 9개월 2021/9 단기 훈련 시작	6 개월 2021년 10월 교회 형성 훈련	12개월 이상 2022년 3월 이후 리더 훈련 시작

전략	잃어버린 자들
	• 오이코스 전도
	 - 오이코스 맵
	 - 플랫폼을 통한 대상자 확보
	  대학생, 직장인, 유학생, 이주 노동자,소외된 자들
	 - 디지털 전도(페이스북, 인스타그램, 메타버스)
	• 전도
	 - 1분 간증
	 - 삼원 전도
	 - C2C
	
	믿는 자들
	• 비전 캐스팅
	 - 침신대 학생들
	 - 예비 교회 개척자들
	 - 지방, 해외에서 이주한 믿는 자들
		단기 훈련
		파운데이션 양육(3/3 모임 양식)
		매주 모임
		소그룹/1:1 병행
		
		장기 훈련
		• 소그룹/1:1 병행
		• 3/3 모임
			교회 특성 점검
			• 교회의 본질
			• 교회의 특성
			• 교회의 언약
			
			교회 형성
			제자 재생산 소그룹이 발전하여, 12가지 교회의 특성이 나타나면, 멤버십 언약 후에 교회가 된다(지방회/총회/세무서 등록)
			
			공적 예배 장소 확보
				리더 훈련
				매주 훈련
				• L-2 (재생산 제자) 이상 모임
				• 3/3 모임: 비전/사역 나눔
				• 리더십 훈련
				 - MAWL (재생산)
				 - 상호책임
				  (ACCOUNTABLITY)
				 - 코칭 (Coaching)

훈련 내용	1. 114 훈련 2. 오이코스 전도 훈련 3. 4F (1-2)	단기 훈련 기초 양육 (2개월) 1과: 114 훈련 2과: 구원의 확신 3과: 침례와 주의 만찬 4과: 말씀 5과: 경건의 시간 6과: 기도 7과: 전도 8과: 제자 훈련 9과: 교회 10과: 세계 선교 장기 훈련 1. S.O.S 훈련 • 복음서/사도행전/서신 2. 4F 훈련 (1-4) 3. 성경 통독 4. QT 훈련 5. 재생산 제자 훈련	교회 진단 서클 훈련 1. 예배(찬양) 2. 말씀 3. 기도 4. 의식(침례/주의 만찬) 5. 교제 6. 상호책임 7. 리더 8. 멤버십 9. 전도 10. 봉사 11. 헌금 12. 제자 훈련 훈련 내용 • 4F (1-4) • 선교적 교회 • 교회 배가 사역 • 교회 등록 절차	1. 수련회: 연 1회 2. 4F 훈련자 훈련 3. 4F 훈련자 사역 4. 리더십 커리큘럼 • 책별 공부(요한복음, 사도행전 등) • 신구약 개관 • 부부/부모 교육 • 성경적 리더십 • 선교적 삶(가정, 직장, 교회)
리더 레벨	L-1 전도자 복음 전도자들이 생김	L-2 제자 훈련자 소그룹 제자 훈련자들이 생김	L-3 교회 개척자 교회 개척자들이 생김	L-4 교회 재생산자 L-5 무브먼트 훈련자 L-6 무브먼트 촉진자 • 교회 개척 배가자들이 생김 • 교회 개척 배가 훈련자들이 생김 • 교회 개척 배가 훈련자들을 위한 코칭

고난/핍박	**자신** 전도 시 다른 사람들의 비판의 시선 플랫폼 형성을 위한 시간과 물질 에너지	**가족** 집을 open	**동료** 이중직 사역
기도	기도 전략 • 기도 후원자 • 후원 교회 • 사역 팀	• 매일 기도 (한시간) • 매주 땅밟기 기도 • 월 1회 금식기도 • 매월 기도 편지 발송	

| 비전 캐스팅 | • 하나님은 한국에 있는 모든 사람들이 복음을 듣기를 원하신다.
• 한국의 복음화 율
• 한국인
• 탈북민 (3만 5천)
• 외국인 (2백 5십만)
• MZ 세대
• 가나안성도 급증(2백만)
• 포스트 모더니즘
• 코로나의 영향
• 반기독교 문화
• 복음을 통한 하나님 나라 회복
• 세계선교의 주역
• 복음의 능력, 복음의 역사를 믿고, 복음을 제대로 전한다. | • 예수님의 지상 대 사명은 "모든 민족을 제자 삼으라"
• 이 세상의 문제는 환경 문제가 아니라 사람의 문제이다.
• 복음으로 거듭나서 하나님 나라의 비전을 가지고 사는 자가 필요하다.
• 회심자가 목표가 아니다. 예수님의 제자가 되게 해야 한다.
• 대부분이 회심자로 머물러 있다. 우리는 의도적으로 제자훈련을 강조한다.
• 복음에 이어 제자훈련, 재생산하는 제자 사역이 필요하다. | • 하나님의 마음은 "모든"에 있다. 모든 민족, 언어, 백성, 나라들이 하나님께 돌아오는 것이다.
• 선교는 하나님의 일이다. 하나님은 선교하시는 하나님이다.
• 하나님의 선교는 교회를 통해 이루어 진다.
• 제자 훈련의 목적은 교회를 세움에 있다. 교회가 열매이다. 하나님은 교회를 통해 하나님 나라를 확장하신다.
• 우리는 제자를 낳는 제자, 교회를 낳는 교회를 위해 사역한다. | • 교회는 처음 부터 무브먼트였다. 그래서 사도 바울은 불과 10여년 만에 아시아와 유럽을 복음화하였고, 로마는 복음으로 통일되었다.
• 그러나 기독교 국가가 세워지면서 무브먼트로서의 교회가 무너지고 공식화 제도화 되어갔다. 평신도는 움직이지 않고, 성직자 중심으로 교회가 되었다.
• 교회는 본래의 특성인 무브먼트가 회복되어야 한다.
• 오늘날 인구 성장률, 포스터 모더니즘, 제도화된 교회의 한계를 극복하고, 무브먼트로서의 교회를 회복하여, 하나님 나라가 이루어 지고, 주님이 다시 오시는 그 날을 꿈꾸자. |
| 플랫폼 | 믿지 않는 청년들과 언어교환, 코칭을 통해 접촉점을 찾을 수 있는 플랫폼을 운영한다.
• Language Exchange Program
• 라이프 코칭, 커리어 코칭

교회 개척 사역을 위한 플랫폼임을 명심한다. | 교회 멤버 둘 중에서 이 플랫폼을 운영할 수 있는 자를 세운다. | | |

도움이 필요한 사항들:

• 예배 장소 확보
• 2022년 1월 부터 대면 예배 시작
• 2022년 4월 4일 창립 예배 전까지 공식 예배 장소 확보
• 지방회 등록
• 은행 구좌 개설

구원의 확신(학생용)

지난 시간에 삼원전도(혹은 C2C)를 배웠습니다. 성경 말씀은 구원받는 방법에 대해 이렇게 말씀하고 있어요.

> "네가 만일 네 입으로 예수를 주로 시인하며 또 하나님께서 그를 죽은 자 가운데서 살리신 것을 네 마음에 믿으면 구원을 받으리라. 사람이 마음으로 믿어 의에 이르고 입으로 시인하여 구원에 이르느니라"(로마서 10: 9-10)

축하합니다. 당신은 이제 하나님의 자녀가 되었고 하나님의 가족이 되었습니다. 지금부터 당신은 하나님과 새로운 관계를 맺게 되었으며 앞으로 하나님께서 약속하신 모든 것들을 받게 될 것입니다. 하나님의 자녀가 되었기 때문에 하나님의 자녀로서 누리게 되는 현재의 복과 앞으로의 유산을 받게 됩니다. 그 중의 하나가 영원한 생명(영생)입니다.

1 _ 우리가 살아갈 때 때때로 기쁨을 잃고 힘들고 지친 삶을 살아갈 때가 있습니다. 지금 당신의 삶은 어떤가요?

(1) 하나님께서 사람들을 위해 본래 계획하신 삶은 어떤 삶이었습니까? (창 2: 7-8)

"여호와 하나님이 땅의 흙으로 사람을 지으시고 생기를 그 코에 불어넣으시니 사람이 생령이 되니라 여호와 하나님이 동방의 에덴에 동산을 창설하시고 그 지으신 사람을 거기 두시니라"(창 2:7-8)

(2) 사람들은 지금 어디에서 살고 있습니까?(창 3:23)

"여호와 하나님이 에덴 동산에서 그를 내보내어 그의 근원이 된 땅을 갈게 하시니라 이같이 하나님이 그 사람을 쫓아내시고 에덴 동산 동쪽에 그룹들과 두루 도는 불 칼을 두어 생명나무의 길을 지키게 하시니라"(창 3:23)

(3) 사람들이 에덴 밖에서 사는 이유는 무엇입니까? (창 3:6)

"여자가 그 나무를 본즉 먹음직도 하고 보암직도 하고 지혜롭게 할 만큼 탐스럽기도 한 나무인지라 여자가 그 열매를 따먹고 자기와 함께 있는 남편에게도 주매 그도 먹은지라"(창 3:6)

2 _ 우리는 어떻게 영원한 생명을 받게 됩니까?

(1) 사람들이 하나님을 떠나는 죄를 짓게 되었는데 그 결과 어떤 일 이 생겼습니까?

"오직 너희 죄악이 너희와 하나님 사이를 갈라놓았고 너희 죄가 그의 얼굴을 가리어서 너희에게서 듣지 않으시게 함이니라"(사 59:2)

(2) 사람들은 어떤 방법으로 "에덴"(진정한 행복)을 다시 회복하려합니 까? (엡 2:8-9)

"너희는 그 은혜에 의하여 믿음으로 말미암아 구원을 받았으니 이것은 너희에게서 난 것이 아니요 하나님의 선물이라 행위에서 난 것이 아니니 이는 누구든지 자랑하지 못하게 함이라"(엡 2:8-9)

(3) 하나님은 어떻게 우리를 그분께로 인도하십니까? (이사야 53:6, 벧전 3:18)

"우리는 다 양 같아서 그릇 행하여 각기 제 길로 갔거늘 여호와 께서는 우리 무리의 죄악을 그에게 담당시키셨도다"(사 53:6) "그리스도께서도 단번에 죄를 위하여 죽으사 의인으로서 불의

한 자를 대신하셨으니 이는 우리를 하나님 앞으로 인도하려 하심이라 육체로는 죽임을 당하시고 영으로는 살리심을 받으셨으니"(벧전 3:18)

3 _ 하나님께서 사람들을 구원하시는 방법

"하나님이 세상을 이처럼 사랑하사 독생자를 주셨으니 이는 저를 믿는 자마다 멸망하지 않고 영생을 얻게 하려 하심이라"(요 3:16)

(1) 하나님께서 하신 일

1) 하나님은 여전히 _____들을 _____ 하십니다.

2) 사람들이 할 수 없는 일을 _____께서 해 주셨습니다.

_____을 보내심

3) 예수님은 우리 ____를 위해 ____대신 죽으시고 부활하셨습니다.

(2) 사람들이 해야 할 일

1) _____

"영접하는 자 곧 그 이름을 믿는 자들에게는 하나님의 자녀가 되는 권세를 주셨으니"(요 1:12)

"너희는 그 은혜에 의하여 믿음으로 말미암아 구원을 받았으니 이것은 너희에게서 난 것이 아니요 하나님의 선물이라"(엡 2:8)

2) _____

"오직 주께서는 너희를 대하여 오래 참으사 아무도 멸망하지 아니하고 다 회개하기에 이르기를 원하시느라"(벧후 3:9)

3) 예수님의 약속은 무엇입니까? 영생을 잃을 수가 있나요? (요 10:28)

"내가 그들에게 영생을 주노니 영원히 멸망하지 아니할 것이요 또 그들을 내 손에서 빼앗을 자가 없느니라 그들을 주신 내 아버지는 만물보다 크시매 아무도 아버지 손에서 빼앗을 수 없느니라"(요 10:28-29)

우리의 믿음은 세 가지 차원에서 이루어집니다(지식, 감정, 의지). 지적으로 예수님을 믿는다는 것이 무엇인지 안다는 것이고, 그것을 알게 될 때 감정(죄에 대한 안타까움, 예수님께 대한 감사)이 생길 수 있습니다. 그리고 의지적인 결단(방향전환 및 헌신하고자 하는 마음)이 따라옵니다. 예수님이 누구신지 알고 감정이 생기고 의지적인 결단이 나타납니다. 그러나 우리의 영생에 대한 확신은 감정이 아니고 약속입니다. 하나님의 약속의 말씀에 근거하여 우리에게 영원한 생명이 있고 구원받은 하나님의 자녀임을 확신하는 것입니다.

4) 예수님을 믿은 후 죄를 짓게 되면 어떻게 되나요? 영생을 잃게 되나요?

하나님의 자녀들이 죄를 짓게 되면 하나님과의 _____가 끊어지지 않지만 하나님과의 _____가 끊어지게 됩니다. 그렇게 될 때 우리가 해야 할 일은 하나님께 우리 죄를 _____합니다. 하나님과의 교제를 회복하고 다시 그 죄로부터 방향 전환해야 합니다.

"만일 우리가 우리 죄를 자백하면 그는 미쁘시고 의로우사 우리 죄를 사하시며 우리를 모든 불의에서 깨끗하게 하실 것이요"(요일 1:9)

4 _ 경은 예수님을 믿는 자들을 무엇이라고 말합니까? (고후 5:17)

"그런 즉 누구든지 그리스도 안에 있으면 새로운 피조물이라 이전 것은 지나갔으니 보라 새 것이 되었도다"(고후 5:17)

누구든지 그리스도(구원자, 구세주)이신 예수님 안에 있으면 새로운 피조물(하나님께서 만드신 존재)이 됩니다. 다시 태어난 자처럼 사는 것입니다. 육체적으로는 아니지만 영적으로 거듭난 삶을 살게 됩니다. 과거의 삶에서 180도 방향 전환하여 하나님과 함께 동행하는 삶을 살게 됩니다.

5 _ 하나님의 자녀가 된 당신의 삶을 다음과 같이 표현해 보시기 바랍니다.

• 예수님을 믿기 전의 당신의 삶의 모습은 무엇입니까?

• 언제? 누구를 통해 예수님을 듣고 믿게 되었습니까?

• 예수님을 믿고 난후 당신에게 찾아온 변화는 무엇입니까?

구원의 확신(지도자용)

지난주에 삼원전도 혹은 다른 전도 방법을 통해 예수님을 영접했던 것을 다시한번 상기시켜 주고 예수님을 영접한다는 것이 무슨 뜻인지를 간단히 다시 설명한다.

지난주에 저와 함께 삼원전도(혹은 C2C)를 통해서 예수님을 영접하셨어요. 그래서 하나님의 자녀가 되셨는데 다시한번 감사드려요.

만일 당신이 전도하여 영접한 사람이 아니라면 이런 질문을 할 수 있습니다. "당신은 언제 예수님을 당신의 주인으로 영접하셨는지 기억하세요?"그 분이 믿는 자라면 믿던 날짜와 장소를 기억할 수도 있고 혹은 기억을 못할 수도 있습니다. 날짜가 중요한 것이 아니라 그분이 영접하셨는가를 확인하기 위해 하는 질문입니다.

○○형제(자매)가 예수님을 믿으셨는데 믿고 구원받은 하나님의 자

녀가 되셨는데 성경에서 구원받는 방법에 대해 이렇게 말씀하고 있어요.

"네가 만일 네 입으로 예수를 주로 시인하며 또 하나님께서 그를 죽은 자 가운데서 살리신 것을 네 마음에 믿으면 구원을 받으리라. 사람이 마음으로 믿어 의에 이르고 입으로 시인하여 구원에 이르느니라"(롬 10: 9-10)

마음으로 믿고 입으로 시인한다는 것은 결혼식 때 신랑신부의 결혼 서약과 같습니다. 주례자의 질문에 "네"라는 대답으로 두 사람이 부부로 맺어지는 것처럼 예수님을 나의 주님으로 모시겠다는 마음으로 "네"라고 입으로 고백할 때 하나님의 자녀가 됩니다.

축하합니다. 당신은 이제 하나님의 자녀가 되었고 하나님의 가족이 되었습니다. 지금부터 당신은 하나님과 새로운 관계를 맺게 되었으며 앞으로 하나님께서 약속하신 모든 것들을 받게 될 것입니다.

하나님의 자녀가 되었기 때문에 하나님의 자녀로서 누리게 되는 현재의 복과 앞으로의 유산을 받게 됩니다. 그중에 하나가 영원한 생명입니다. 예수님을 믿어 현재 누리는 복이 영생입니다.

영생은 단지 길게 사는 삶이 아닙니다. 이 세상에서 길게 사는 것이 좋은 것만은 아닙니다. 영생은 양적, 질적으로 영원하고 행복한 삶을 사는 것입니다. 당신이 지금까지 살아온 경험을 통해 가장 좋았던 때가 언제였습니까? 그 좋았던 상태에 100을 곱하거나 1000을 곱한 상태를 생각해 보십시오. 영생은 그보다 더 행복하고 좋은 상태가 영원히 계속된다는 것입니다. 하나님께서 주시는 삶이 바로 하나님과 함께하는 영원한 생명입니다.

1 _ 우리가 살아갈 때 때때로 기쁨을 잃고 힘들고 지친 삶을 살아갈 때가 있습니다. 지금 당신의 삶은 어떤가요? (날씨로 표현한다면 어떤 날씨가 될까요?)

(1) 하나님께서 사람들을 위해 본래 계획하신 삶은 어떤 삶이었습니까? (창 2: 7-8)

"여호와 하나님이 땅의 흙으로 사람을 지으시고 생기를 그 코에 불어넣으시니 사람이 생령이 되니라 여호와 하나님이 동방의 에덴에 동산을 창설하시고 그 지으신 사람을 거기 두시니라"(창 2:7-8)

삼원 전도에서 말하듯이 하나님께서 우리를 위해 본래 디자인하신 삶은 아름답고 완벽한 삶이었습니다. 성경은 그것을 "에덴에 사는 삶"이라고 말합니다. 하나님께서 사람들을 위해 계획하신 본래의 삶은 사람들이 에덴에서 사는 것이었습니다. 에덴은 "기쁨"이라는 뜻입니다.

그런데 그 기쁨을 누리는 삶은 사람들이 "에덴"안에 있을 때만 나타나는 삶입니다. 그 말은 사람들이 에덴을 떠나면 기쁨은 사라진다는 뜻입니다. 마치 장미꽃은 땅에 뿌리를 내리고 있을 때 아름다운 꽃을 피울 수 있고 기차는 기차 철로 위에 있을 때 신나게 달릴 수 있고 물고기는 물속에 있을 때 생명을 누리는 것처럼 사람은 에덴에 있을 때 기쁨을 누리며 살 수 있습니다. 그 에덴 안에 산다는 것은 나의 삶의 중심에 하나님을 모시고 하나님의 말씀에 순종하며 사는 것입니다. 하나님이 우리 삶의 주인이며 왕이 되시는 삶입니다. 그런 삶을 살 때 참 기쁨을 누리며 살 수 있습니다.

(2) 사람들은 지금 어디에서 살고 있습니까? (창 3:23)

"여호와 하나님이 에덴 동산에서 그를 내보내어 그의 근원이 된 땅을 갈게 하시니라 이같이 하나님이 그 사람을 쫓아내시고 에덴 동산 동쪽에 그룹들과 두루 도는 불 칼을 두어 생명나무의 길을 지키게 하시니라"(창 3:23)

현재 사람들은 에덴 밖에서 살고 있습니다. 때로 기쁨을 누릴 때도 있지만 그것도 잠시 뿐 고통과 질병과 죽음이 난무하는 삶을 살고 있습니다. 이런 삶을 성경은 영적으로 죽어있는 삶이라고 말합니다.

(3) 사람들이 에덴 밖에서 사는 이유는 무엇입니까? (창 3:6)

"여자가 그 나무를 본즉 먹음직도 하고 보암직도 하고 지혜롭게 할 만큼 탐스럽기도 한 나무인지라 여자가 그 열매를 따먹고 자

기와 함께 있는 남편에게도 주매 그도 먹은지라"(창 3:6)

사람들은 하나님께서 먹지 말라고 명령하신 나무(동산 중앙의 있는 나무,
선악을 알게 하는 나무 - 하나님의 말씀을 상징)의 열매를 따 먹었습니다(하나님의 말씀
을 불순종). 즉 자기 욕심에 이끌려 하나님 말씀을 무시하고 하나님의 말
씀을 불순종하는 삶을 택했기 때문입니다. 하나님을 거부하고 하나님
을 떠나서 자기가 주인이 되고 자기가 하나님이 되려고 했습니다. 그
것이 바로 죄입니다.

2 _ 우리는 어떻게 영원한 생명을 받게 됩니까?

(1) 사람들이 하나님을 떠나는 죄를 짓게 되었는데 그 결과 어떤 일
    이 생겼습니까?

"오직 너희 죄악이 너희와 하나님 사이를 갈라놓았고 너희 죄
가 그의 얼굴을 가리어서 너희에게서 듣지 않으시게 함이니
라"(사 59:2)

죄로 말미암아 하나님과 우리 사이의 관계가 끊어졌습니다. 그 죄
가 하나님과 우리 사이에 벽을 만들어 놓았습니다. 그래서 하나님과
소통할 수 없게 되었습니다. 땅에서 뿌리 뽑힌 장미꽃과 같고 물을 떠

난 물고기와 같고 기차 철로를 탈선한 기차와 같습니다.

(2) 사람들은 어떤 방법으로 "에덴"(진정한 행복)을 다시 회복하려합니까? (엡 2:8-9)

"너희는 그 은혜에 의하여 믿음으로 말미암아 구원을 받았으니 이것은 너희에게서 난 것이 아니요 하나님의 선물이라 행위에서 난 것이 아니니 이는 누구든지 자랑하지 못하게 함이라"(엡 2:8-9)

삼원전도에서 언급한 사람들의 네 가지 방법을 기억하실 것입니다. 성공을 추구하는 삶, 종교나 도덕을 추구하는 삶, 술과 마약, 심지어 죽음으로 현실을 도피하려는 삶, 인관 관계를 통해 행복을 추구하려 하지만 그러한 것들이 사람의 본질적인 문제를 해결해 주지 못합니다. "이것이 너희에게서 난 것이 아니요 하나님의 선물이라 행위에서 난 것이 아니니 이는 누구든지 자랑하지 못하게 함이라". 우리 스스로는 이 죄 문제와 영원한 삶의 문제를 해결할 수 없습니다. 사람들은 자기의 힘으로 자기 노력으로 이 문제를 해결하려고 하지만 불가능하다는 것을 깨닫게 됩니다.

(3) 하나님은 어떻게 우리를 그분께로 인도하십니까? (사 53:6, 벧전 3:18)

손의 예화를 통해 이사야 53:6을 설명한다.

> "우리는 다 양 같아서 그릇 행하여 각기 제 길로 갔거늘 여호와
> 께서는 우리 무리의 죄악을 그에게 담당시키셨도다"(사 53:6)

사람들은 다 못된 양과 같이 목자를 떠나 각기 제 길로 갔습니다. 하나님을 떠나 자기가 주인되는 삶을 선택하며 살았습니다. 그것이 죄입니다. 그렇지만, 하나님은 우리의 죄에 대한 책임을 우리에게 묻지 않고 우리의 죄를 예수님께 전가시켜 주셨습니다.

> "그리스도께서도 단번에 죄를 위하여 죽으사 의인으로서 불의
> 한 자를 대신하셨으니 이는 우리를 하나님 앞으로 인도하려 하
> 심이라 육체로는 죽임을 당하시고 영으로는 살리심을 받으셨으
> 니"(벧전 3:18)

예수님이 우리의 죄를 대신 짊어지셨습니다. 예수님은 의인이셨는데 죄인인 우리를 대신하여 죽임을 당하셨고 그것을 통해 우리를 하나님께로 인도해 주셨습니다.

3 _ 하나님께서 사람들을 구원하시는 방법

"하나님이 세상을 이처럼 사랑하사 독생자를 주셨으니 이는 저를 믿는 자마다 멸망하지 않고 영생을 얻게 하려 하심이라"(요 3:16)

(1) 하나님께서 하신 일

   1) 하나님은 여전히 사람들을 사랑하십니다.

   2) 사람들이 할 수 없는 일을 하나님께서 해 주셨습니다. 예수님을 보내심

   3) 예수님은 우리 죄를 위해 대신 죽으시고 장사되셨고 부활하셨습니다.

(2) 사람들이 해야 할 일

1) 믿음

당신이 해야할 일은 먼저 믿는 일입니다. 믿는다는 것은 하나님의 사랑을 믿는다는 것이고 하나님의 구원의 방식을 받아들인다는 것입니다. 그것이 곧 예수님을 당신의 주인으로 왕으로 모셔 들이는 것입니다(지난주에 삼원전도 혹은 C2C 내용을 듣고 예수님을 당신의 삶의 주인으로 모셔드리셨지요? 감사합니다).

"너희는 그 은혜에 의하여 믿음으로 말미암아 구원을 받았으니 이것은 너희에게서 난 것이 아니요 하나님의 선물이라"(엡 2:8)
"영접하는 자 곧 그 이름을 믿는 자들에게는 하나님의 자녀가 되는 권세를 주셨으니"(요 1:12)

믿는다는 것은 곧 영접하는 것입니다. 다시 말해 받아들이는 것입니다. 예수님을 나의 주인으로 왕으로 받아들이는 것, 모셔드리는 것을 말합니다.

2) 회개

회개는 방향전환을 의미합니다. 180도 방향을 바꾸는 것입니다. 내가 주인되어 혹은 다른 어떤 것을 주인으로 삼고 사는 삶으로부터 예수님을 주인으로 삼는 삶으로 180도 전환하는 삶입니다. 하나님은 하나님을 떠나 사는 사람들이 자신의 삶에서 돌이켜(회개하여) 하나님께로 돌아서기를 원하십니다. 죄 혹은 부끄러운 삶을 전혀 짓지 않는 완벽한 삶을 살게 되었다는 뜻이 아니고 그러한 삶에서 돌아서고 새로운 삶 즉 하나님과 동행하는 삶을 추구하며 살게 되었다는 뜻입니다.

"오직 주께서는 너희를 대하여 오래 참으사 아무도 멸망하지 아니하고 다 회개하기에 이르기를 원하시느라"(벧후 3:9)

3) 예수님의 약속은 무엇입니까? 영생을 잃을 수가 있나요? (요 10:28)

"내가 그들에게 영생을 주노니 영원히 멸망하지 아니할 것이요 또 그들을 내 손에서 빼앗을 자가 없느니라 그들을 주신 내 아버지는 만물보다 크시매 아무도 아버지 손에서 빼앗을 수 없느니라"(요 10:28-29)

예수님은 믿는 자들에게 영생을 주신다고 말씀하셨고 예수님의 손으로 믿는 자들을 보호해 주신다고 하셨고 창조주이신 하나님의 손으로 영원히 보호해 주신다고 약속해 주셨습니다. 영생은 영원한 생명입니다. 하나님께서 주시는 영생을 잃을 수 없습니다.

우리의 믿음은 세 가지 차원에서 이루어집니다(지식, 감정, 의지). 지적으로 예수님을 믿는다는 것이 무엇인지 안다는 것이고 그것을 알게 될 때 감정(죄에 대한 안타까움, 예수님께 대한 감사)이 생길 수 있습니다. 그리고, 의지적인 결단(방향전환 및 헌신하고자 하는 마음)이 따라옵니다. 예수님이 누구신지 알고 감정이 생기고 의지적인 결단이 나타납니다. 그러나 우리의 영생에 대한 확신은 감정이 아니고, 약속입니다. 하나님의 약속의 말씀에 근거하여 우리에게 영원한 생명이 있고 구원받은 하나님의 자녀임을 확신하는 것입니다.

4) 예수님을 믿은 후 죄를 짓게 되면 어떻게 되나요? 영생을 잃게 되나요?

예수님을 우리의 주인으로 왕으로 모신 사람들이 죄에서 떠나 하나님을 기쁘시게 하는 삶을 살아야 하지만 아직도 연약해서 죄의 유혹에 빠져 죄를 지을 수 있습니다. 그러면 어떻게 될까요? 그리고 어떻게 해야 할까요?

하나님의 자녀들이 죄를 짓게 되면 하나님과의 관계가 끊어지지 않지만 하나님과의 교제가 끊어지게 됩니다. 그렇게 될 때 우리가 해야 할 일은 하나님께 우리 죄를 자백해야 합니다. 하나님과의 교제를 회복하고 다시 그 죄로부터 회개(방향전환)해야 합니다.

> "만일 우리가 우리 죄를 자백하면 그는 미쁘시고 의로우사 우리 죄를 사하시며 우리를 모든 불의에서 깨끗하게 하실 것이요"(요일 1:9)

4 _ 성경은 예수님을 믿는 자들을 무엇이라고 말합니까? (고후 5:17)

> "그런 즉 _____ 그리스도 안에 있으면 새로운 _____이라 이전 것은 지나갔으니 보라 _____이 되었도다"(고후 5:17)

누구든지 그리스도(구원자, 구세주)이신 예수님 안에 있으면 새로운 피조물(하나님께서 만드신 존재)이 됩니다. 다시 태어난 자처럼 사는 것입니다. 육체적으로는 아니지만 영적으로 거듭난 삶을 살게 됩니다. 과거의 삶에서 180도 방향 전환하여 하나님과 함께 동행하는 삶을 살게 됩니다.

5 _ 하나님의 자녀가 된 당신의 삶을 다음과 같이 표현해 보시기 바랍니다.

• 예수님을 믿기 전의 당신의 삶의 모습은 무엇입니까?

• 언제? 누구를 통해 예수님을 듣고 믿게 되었습니까?

• 예수님을 믿은 후 당신에게 찾아온 변화는 무엇입니까?

구원 간증

1.

저는 어렸을 때 시골에서 자랐습니다. 제가 초등학교 1학년때 저의 아버님이 돌아가셨습니다. 그래서 우리 집은 가난할 수 밖에 없었고 계속해서 공부할 수도 없었습니다. 그리고 내게 아버지가 없다는 것이 너무도 슬펐습니다. 아버지가 있어서 "아버지"라고 부르는 친구들이 너무 부러웠습니다. 왜냐하면 나에게는 아버지를 아버지라고 불러본 기억조차도 없었기 때문입니다. 그 어린 나이에 얼마나 "아버지"라는 말을 불러보고 싶었는지 모릅니다. 그로 인하여 나는 많이 울었고 나의 삶은 무척 우울하였습니다. 그리고 내 자신에 대한 자신감도 부족했고 미래에 대한 불안한 마음으로 살았습니다.

그런데 어려운 가운데서도 고등학교를 졸업하게 되었고 1980년대에 직장에서 일하면서 살아가고 있었습니다. 그때 기숙사에서 생활하고 있었는데 직장 선배님과 함께 교회에 가게 되었습니다. 교회에서 예배를 드리는 동안 나를 위해 십자가에 죽으신 예수님을 인격적으로 만나게 되었습니다.

그리고 교회에서 청년들과의 아름다운 교제와 섬김과 봉사를 하면서 신앙생활을 하였고 그때에 말로 표현할 수 없는 하나님의 은혜와 평화를 경험하게 되었습니다. 그리고 너무나 좋았던 것은 하나님을 나의 "아버지"라고 부를 수 있었다는 것입니다. 아버지를 아버지라고 부를 수 없었던 어린 가슴에 찬양하고 기도하고 예배드리면서 하나님을 아버지라고 부를 수 있어서 너무나 좋았고 아버지를 크게 외치며 불렀습니다.

그러면서 내 속에 있는 아픔이 사라지고 슬픔이 사라지고 불안한 마음도 사라지면서 인생에 대한 자신감과 미래에 대한 희망을 갖게 되었습니다.

2.

저는 우리 가정에서 5남매 중 맏딸로 태어났습니다. 친정 어머니께서는 제가 고등학교 3학년때 암에 걸려 돌아가셨습니다. 그래서 새엄마 밑에서 살았습니다. 새어머니와 많은 갈등이 있었습니다. 제 고향은 군산 입니다. 후에 저는 대전에 와서 취직을 하게 되었고 대전에서 착한 남편을 만나 결혼을 했습니다. 결혼한 후에는 친정보다 시댁에 가면 마음이 더 편했습니다. 그러나 시댁은 너무 가난했고 종가 집이어서 1년에 12번 다달이 제사를 지냈습니다. 그 제사 음식을 제가 손수 만들고 제사 시중을 들어야 했습니다.

그 후 딸이 태어났습니다. 그런데 태어난 딸의 손톱과 발톱이 기형이었습니다. 얼마나 놀라고 무서웠는지…. 딸만 보면 죄인 같고 가슴이 너무 아팠습니다. 불교 가정으로 시집간 저는 이 딸을 어떻게 키워야 할지 걱정이 되었습니다. 그때 시 작은 어머님의 권유로 이 딸을 데리고 절에 가서 부처님께 딸을 낫게 해 달라고 정성스럽게 기도하기도 했습니다. 그러나 낫지 않았습니다.

그러던 중에 우리 딸이 교회에서 운영하는 선교원에 다니게 되었습니다. 거기에서 우리 딸이 예수님을 믿게 되었고 거기서 피아노도 배우게 되었습니다. 저는 우리 딸을 통해 교회에 나오게 되었고 예수님을 나의 생명의 주인으로 모시게 되었습니다.

예수님을 믿는 우리 가정은 변화되었습니다. 우리 딸은 손톱의 장애를 가지고 있었음에도 불구하고 교회에서 반주도 하게 되었고 사춘기 때에도 예쁘게 잘 자라 주었습니다. 예수님을 섬기면서 살다 보니 행복하고 아무 걱정 없이 살아갈 수 있었습니다. 그리고 시어머님과 남편을 전도하게 되었습니다. 이제는 그 힘든 제사도 지내지 않게 되었고 제사 대신에 온 가족이 함께 하나님께 예배를 드리면서 하나님께 영광을 돌리고 행복하게 살아 간답니다.

3.
저는 어려서부터 성공해야 된다는 이야기를 들으면서 자랐습니다. 부모님은 많은 교육을 받지 못해 농사를 짓고 있다하시며 너는 열심히 공부해서 좋은 직장도 갖고 돈도 많이 벌어서 힘든 일 하지 말라고 하셨습니다. 부모님의 가슴에 사무치는 말은 계속해서 내게 '너는 성공해야 된다.'라는 무언의 압력이 되었습니다. 저는 어려운 가정 형편에도 나를 가르치시는 부모님께 효도를 하기 위해서라도 공부 열심히 해서 성공해야 된다고 생각했습니다. 그런데 열심히 공부를 했지만 기대한 것만큼 성적이 나오지 않았습니다. 이런 나 자신이 실망스러웠지만 포기 할 수는 없었습니다. 나름의 최선을 다했지만 결과는 참담했습니다. 인생의 성공은커녕 대학에 실패한 낙오자가 된 것입니다. 부모님께도 면목이 서지 않았고 나 자신에게도 불만이 가득한 시간을 보냈습니다. 그렇게 시간을 보내다가 '아메리칸 드림'을 꿈꾸게 되었습니다. 계획대로 진행되면 한국에서 맛볼 수 없는 성공을 이룰 수 있을 것 같았습니다. 그런 희망을 안고 군생활 하던 중 '아메리칸 드림'의 꿈을 접어야만 했습니다. 나의 상황과는 별개로 다른 일이 발생하여 또 실패하게 되었습니다.

그렇게 계획하던 일들은 족족 실패로 돌아갔습니다. 그러던 제가 직장에 다니면서 신우회를 나가게 되었고 그 시작을 통해 교회가 연결되었습니다. 그리고 예수님을 만나게 되었습니다. 예수님이 나의 죄를 위해서 십자가에 죽으시고 부활하신 구세주이시고 나의 주님이심을 알게 되었습니다. 예수님의 나의 구주로 영접한 것입니다.

그 후로 제 삶이 바뀌었습니다. 또 바뀌어 가고 있습니다. 어떤 사회적 성공을 위해 치열한 전투를 하는 나의 모습이 아니라 예수님은 나의 있는 모습 그대로를 받아 주셨습니다. 이제 사회적 성공을 바라 볼 때

가슴 뛰지 않습니다. 나를 불러 주신 그분을 볼 때 가슴이 뜁니다. 그리고 그분의 부르심 대로 살 때 이미 나는 성공한 사람이라는 것을 알게 되었습니다. 이제 성공을 위해 사는 것이 아니라 성공한 자로 살아갑니다. 감사하며 은혜를 누리며 살아갑니다. 그래서 오늘도 내 인생의 성공이신 예수님을 전하며 살아가고 있습니다.